(宋)蘇軾 撰

明成化本東坡七集

第三〇册

國家圖書館出版社

第三〇册目録

東坡續集十二卷（卷第十二）

重刊明成化本東坡七集

東坡續集卷第十二

記

勝相院経藏記

元豐三年歲在庚申有大比丘惟簡號曰寶月修行如幻三摩鉢提在蜀成都大聖慈寺故中和院賜名勝相以無量寶黄金丹砂琉璃真珠旃檀衆香莊嚴佛語及菩薩語作大寶藏涌起于海有大天龍背負而出及諸小龍糾結環繞諸化菩薩及護法神鎮守其門天魔鬼神各執其物以禦不祥是諸衆寶及諸佛子光色聲香自相磨激璀璨芳郁玲瓏宛轉生出

諸相變化無窮不假言語自然顯見苦空無我無量
妙義凡見聞者隨其根性各有所得如衆飢人入於
太倉雖未得食已有飽意又如病人遊於藥市聞衆
藥香病自衰減更能取米作無礙飯恣食取飽自然
不飢又能取藥以療衆病衆病有盡而藥無窮須臾
之間無病可療以是因緣度無量衆時見聞者皆争
捨施富者出財壯者出力巧者出技皆捨所愛及諸
結習而作佛事求脱煩惱濁惡苦海有一居士其先
蜀人與是比丘有大因緣去國流浪在江淮間聞是
比丘作是佛事即欲隨衆捨所愛習周視其身及其

室廬求可捨者了無一物如焦穀芽如石女兒乃至無有毫髮可捨私自念言我今惟有無始已来結習口業妄言綺語論說古今是非成敗以是業故所出言語猶如鍾磬黼黻文章悅可耳目如人善博日勝日負自云是巧不知是業今捨此業作寶藏偈願我今世作是偈已盡未来世永斷諸業塵縁妄想及諸理障一切世間無取無捨無憎無愛無可無不可時此居士稽首西望而說偈言曰

我游衆寶山見山不見寶岩谷及草木虎豹諸龍蛇雖知寶所在欲取不可得復有求寶者自言已得寶

見寶不見山亦未得寶故譬如夢中人未嘗知是夢
既知是夢已所夢即變滅見我不見夢因以我爲覺
不知真覺者覺夢兩無有我觀大寶藏如以蜜說甜
衆生未諭故復以甜說蜜甜蜜更相說千劫無窮盡
自蜜及甘蔗查梨與橘柚說甜而得酸以及鹹辛苦
忽然反自味舌根有甜相我爾默自知不須更相說
我今說此偈於道亦云遠如眼根自見是眼非我有
當有無耳人聽此非舌言於一彈指頃洗我千劫罪

虔州崇慶禪院新経藏記

如来得阿耨多羅三藐三菩提曰以無所得故而得

舍利弗得阿羅漢道亦曰以無所得故而得如来與舍利弗若是同乎曰何獨舍利弗至于百工賤技承蜩意鈎履狶畫墁未有不同者也夫道之大小雖至於大菩薩其視如来猶若天淵然及其以無所得故而得則承蜩意鈎履狶畫墁未有不與如来同者也以吾之所知推至其所不知嬰兒生而導之言稍長而教之書口必至於忘聲而後能言手必至於忘筆而後能書此吾之所知也口不能忘聲則語言難於屬文手不能忘筆則字書難於刻雕及其相忘之至則形容心術酬酢萬物之變忽然而不自知也自不

能者而觀之其神智妙達不既超然與如来同乎故
金剛經曰一切賢聖皆以無為法而有差別以是為
技則技疑神以是為道則道疑聖古之人與人皆學
而獨至於是其必有道矣吾非學佛者不知其所自
入獨聞之孔子曰詩三百一言以蔽之曰思無邪夫
有思皆邪也善惡同而無思則土木也云何能使有
思而無邪無思而非土木乎烏乎吾老矣安得數年
之暇託於佛僧之宇盡發其書以無所思心會如来
意庶幾於無所得故而得者謫居惠州終歲無事宜
若得行其志而州之僧舍無所謂經藏者獨榜其所

居室曰思無邪齋而銘之致其志焉始吾南遷過虔
州與通守承議郎俞君括游一日訪廉泉入崇慶院
觀寶會輪一作藏君曰是於江南壯麗為第一其費二
千餘萬前長老曇秀始作之幾於成而寂今長老惟
湜嗣成之奔走二老之間勸導經營銖積寸累十有
六年而成者僧知錫也子能愍此三士之勞以一言
記之乎吾蓋心許之俞君博學能文敏於從政而恬
於進取數與吾書欲棄官相從學道自虔罷歸道病
卒於廬陵虔之士民有巷哭者吾亦為出涕故作此
文以遺湜錫并論孔子思無邪之意與吾有志無書

之歎使刻于石且與俞君結未来之因乎紹聖二年
五月二十七日記

密州通判廳題名記

始尚書郎趙君成伯為眉之丹稜令邑人至今稱之
余其隣邑人也故知之為詳君既罷丹稜而余適還
眉於是始識君其後余出官於杭而君亦通守臨淮
同日上謁辭相見於殿門外握手相與語已而見君
於臨淮劇飲大醉於先春亭上而别及移守膠西未
一年而君来倅是邦余性不慎語言與人無親踈輒
輸寫腑臓有所不盡如茹物不下必吐出乃已而人

或記蹤以為怨咎以此尤不可與深中而多數者處

君既故人而簡易疎達表裏洞然余固甚樂之而君

又勤於吏職視官事如家事余得少休焉君曰吾廳

事未有壁記乃集前人之姓名以屬於余余未暇作

也及為彭城君每書來輒以為言且曰吾將託子以

不朽昔羊叔子登峴山謂從事鄒湛曰自有宇宙而

有此山登此遠望如我與卿者多矣皆堙滅無聞使

人悲傷湛曰公之名當與此山俱傳若湛輩乃當如

公言耳夫使天下至今有鄒湛者羊叔子之賢也今

余頑鄙自放而且老矣然無以自表見於後世自計

且不足而況能以及子乎雖然不可以不一言使數百年之後得此文於頽垣廢井之間者茫然長思而一歎也

畫水記

古今畫水多作平遠細皺其善者不過能為波頭起伏使人至以手捫之謂有窪隆以為至妙矣然其品格特與印板水紙爭工拙於毫釐間尒唐廣明中處士孫位始出新意畫奔湍巨浪與山石曲折隨物賦形盡水之變號稱神逸其後蜀人黃筌孫知微皆得其筆法始知微欲於大慈寺壽寧院壁作湖灘水石

四堵營度經歲終不肯下筆一日倉皇入寺索筆墨
甚急奮袂如風須臾而成作輸瀉跳蹙之勢洶洶欲
崩屋也知微既死筆法中絕五十餘年近歲成都人
蒲永昇嗜酒放浪性與畫會始作活水得二孫本意
自黃居寀兄弟李懷袞之流皆不及也王公富人或
以勢力使之永昇輒嘻笑捨去遇其欲畫不擇貴賤
頃刻而成嘗與余臨壽寧院水作二十四幅每夏日
挂之高堂素壁即陰風襲人毛髮為立永昇今老矣
畫益難得而世之識真者亦少如往時董羽近日常
州戚氏畫水世或傳寶之如董戚之流可謂死水未

可永昇同年而語也

張龍公祠記

昭靈侯南陽張公諱路斯隋之初家于潁上縣仁社村年十六中明經科唐景龍中為宣城令以才能稱夫人石氏生九子自宣城罷歸常釣于焦氏臺之陰一日顧見釣處有宮室樓殿遂入居之自是夜出旦歸歸輒體寒而濕夫人驚問之曰我龍也蓼人鄭祥遠者亦龍也與我爭此居明日當戰使九子助我領有絳綃者我也青綃者鄭也明日九子以弓矢射青綃者中之怒而去公亦逐之所過為谿谷以達于淮

而青綃者投于合肥之西山以死為龍穴山九子皆
化為龍而石氏葬闞洲公之兄為馬步使者子孫散
居潁上其墓皆存焉事見于唐布衣趙耕之文而傳
于淮潁間父老之口載於歐陽文忠公之集古録云
自景龍以来潁人世祠之于焦氏臺熈寧中刺史王
敬堯始大其廟有宋乾德中蔡州大旱其刺史司超
聞公之靈築祠于蔡既雨翰林學士承旨陶穀為記
其事蓋自淮南至于陳蔡許汝皆奔走奉祠景德中
諫議大夫張秉奉詔益新潁上祠宇而熈寍中司封
郎中張徽奏乞爵號詔封公昭靈侯石氏柔應夫人

廟有穴五往往見變異出雲雨或投器穴中則見于池而近歲有得蛻骨于池者金聲玉質輕重不常今
藏廟中元祐六年秋旱甚郡守龍圖閣學士左朝奉郎蘇某迎致其骨于西湖之行祠與吏民禱焉其應
如響乃益治其廟作碑而銘之銘曰
維古至人泠然乘風變化往来不私其躬道本於仁
仁故能勇有殺有生以仁為終相彼幻身何適不通
地行為人天飛為龍惠于有生我則從之淮潁之間
馬生張公跨歷隋唐顯于有宋上帝寵之先帝封之
昭于一方萬靈宗之哀我潁民屢堵而窮地傾東南

潦水所鍾忽焉歸壑千里一空公居其間拯溺弔凶救療疾癘驅攘螟蟲開闔抑揚孰知其功坎坎擊鼓巫師老農斗酒隻雞四簋其饛度公之居貝闕珠宮揆公之食瓊醴玉饔何以稱之我愧于中公之所饗惟誠與恭誠在平格（平格一作愛民）民無傷農（民字一本作无傷農工）恭不在外洗濯厥胷以此事神神聽則聰敢有不然上帝之恫

刻秦篆記

秦始皇帝二十六年初并天下二十八年親巡東方海上登瑯琊臺觀出日樂之忘歸徙黔首三萬家臺

下刻石頌秦德焉二世元年復刻詔書其旁今頌詩亡矣其從臣姓名僅有存者而二世詔書具在自始皇帝二十八年歲在壬午至今熙寧九年丙辰凡千二百九十五年而蜀人蘇某来守高密得舊紙本於民間比今所見猶為完好知其存者磨滅無日矣而廬江文勛適以事至密勛好古善篆得李斯用筆意乃摹諸石置之超然臺上夫秦雖無道然所立有絶人者其文字之工世亦莫及皆不可廢後有君子得以覽觀焉

秦太虚題名記

元豐二年中秋後一日余自吳興道杭東還會稽龍井有辯才大師以事邀余入山比出郭日已夕航湖至普寧遇道人參寥問龍井所遣籃輿則曰以不時　是夕天宇開霽林間月明可數毫髮遂弃舟從參寥杖策並湖而行出雷峰度南屏濯足于惠因澗入靈石塢得支徑上風篁嶺憩于龍井亭酌泉據石而飲之自普寧凡經佛寺十五皆寂不聞人聲道傍廬舍或燈火隱顯草木深欝流水止激悲鳴殆非人間之境行二鼓矣始至壽聖院謁辯才于潮音堂明日乃還高郵秦觀題

覽太虛題名皆予昔時游行處閉目想之了然可數
始予與辯才別五年乃自徐州遷于湖至高郵見太
虛參寥遂載與俱辯才聞予至欲扁舟相過以結夏
未果太虛參寥又相與適越云秋盡當還而予倉卒
去郡遂不復見明年予謫居黄州辯才參寥遣人致
問且以題名相示時去中秋不十日秋潦方漲水面
千里月出房心間風露浩然所居去江無十步獨與
兒子邁棹小舟至赤壁西望武昌山谷喬木蒼然雲
濤際天因録以寄參寥使以示辯才有便至高郵亦
可録以寄太虛也

獎諭勑記

勑蘇某省京東東路安撫使司轉運司奏昨黃河水至徐州城下汝親率官吏驅督兵夫救護城壁一城生齒并倉庫廬舍得免漂沒之害遂得完固事河之為中國患久矣乃者堤潰東注衍及徐方而民人保居城郭增固徒得汝以安也使者屢以言朕甚嘉之

熙寧十年七月十七日河決澶州曹村埽八月二十一日水及徐州城下至九月二十一日凡二丈八尺九寸東西北觸山而上皆清水無復濁流水高於城中平地有至一丈九寸者而外小城東南隅不沉者

三版父老云天禧中嘗築二堤一自小市門外絕壕
而南少西以屬於戲馬臺之麓一自新墻門外絕壕
而西折以屬於城下南京門之北遂起急夫五千人
與武衛奉化牢城之士晝夜雜作堤堤成之明日水
自東南隅入遇堤而止水𣺌六先水未至以薪芻為
囊自城外塞之水至而後自城中塞者皆不足恃城
中有故取土大坑十五皆與外水相應井有溢者三
方皆積伩無所取土取於州之南亞夫冢之東自城
中附城為長堤壯其址長九百八十四丈高一丈闊
倍之公私船數百以風浪不敢行分纜城下以殺河

之怒至十月五日水漸退城以全明年二月有旨賜錢二千四百一十萬起夫四千二十三人又以發常平錢六百三十四萬米一千八百餘斛募夫三千二十人改築外小城創木岸四一在天王堂之西一在彭城樓之下一在上洪門之西北一在大城之東南隅大坑十五皆塞已而澶州靈平歸成水不復至臣某以謂黃河率常五六十年一決而徐州最處汴泗下流上下二百餘里皆阻山水尤深悍難落不與他郡等恐久遠倉卒吏民不復究知故因上之所賜詔書而記其大略并刻諸石若其詳則藏於有司謂之

熙寧防河録云

潮州修韓文公廟記

匹夫而爲百世師一言而爲天下法是皆有以參天地
之化關盛衰之運其生也有自来其逝也有所爲矣
故申吕自嶽降傅説爲列星古今所傳不可誣也孟
子曰我善養吾浩然之氣是氣也寓於尋常之中而
塞乎天地之間卒然遇之則王公失其貴晉楚失其
富良平失其智賁育失其勇儀秦失其辯是孰使之
然哉其必有不依形而立不恃力而行不待生而存
不隨死而亡者矣故在天爲星辰在地爲河嶽幽則

為鬼神而明則復為人此理之常無足怪者自東漢已來道喪文弊異端並起歷唐正觀開元之盛輔以房杜姚宋而不能救獨韓文公起布衣談笑而麾之天下靡然從公復歸於正蓋三百年於此矣文起八代之衰道濟天下之溺忠犯人主之怒而勇奪三軍之帥豈非參天地關盛衰浩然而獨存者乎蓋嘗論天人之辯以謂人無所不至惟天不容偽智可以欺王公不可以欺豚魚力可以得天下不可以得匹夫匹婦之心故公之精誠能開衡山之雲而不能回憲宗之惑能馴鱷魚之暴而不能弭皇甫鏄李逢吉之

謗能信於南海之民廟食百世而不能使其身一日
安於朝廷之上蓋公之所能者天也所不能者人也
始潮之人未知學公命進士趙德為之師自是潮之
人皆篤於文行延及齊民至于今號稱易治信乎孔
子之言君子學道則愛人小人學道則易使也潮人
之事公也飲食必祭水旱疾疫凡有求必禱焉而廟
在刺史公堂之後民以出入為艱前守欲請諸朝作
新廟不果元祐五年朝散郎王君滌来守是邦凡所
以養士治民者一以公為師民既悅服則出令曰願
新公廟者聽民驩趨之卜地於州城之南七里朞年

而廟成或曰公去國萬里而謫于潮不能一歲而歸没而有知其不眷戀于潮也審矣軾曰不然公之神在天下者如水之在地中無所往而不在也而潮人獨信之深思之至焄蒿悽愴若或見之譬如鑿井得泉而曰水專在是豈理也哉元祐十年詔封公昌黎伯故榜曰昌黎伯韓文公之廟潮人請書其事于石因作詩以遺之使歌以祀公其詞曰

公昔騎龍白雲鄉手抉雲漢分天章天孫爲織雲錦裳飄然乘風来帝旁下與濁世掃秕糠西遊咸池略扶桑草木衣被昭回光追逐李杜參翱翔汗流籍湜

走且僵滅沒倒影不可望作書詆佛譏君王要觀南海窺衡湘歷舜九疑弔英皇祝融先驅海若藏約束鮫鱷如驅羊鈞天無人帝悲傷謳吟下招遣巫陽攥牲雞卜羞我觴於𥻗荔丹與焦黄公不少留我涕滂翩然被髮下大荒

方丈記

年月日住持傳法沙門惟謹重建方丈上祝　天子萬壽永作神主歛時五福敷錫庶民地獄天宫同為淨土有性無性齊成佛道

野吏亭記

故相陳文惠公建立此亭榜曰野吏蓋孔子所謂先進於禮樂者公在政府獨眷眷此邦然庭宇日就圮缺凡九十七年太守朝奉郎方侯子容南圭復完好之

遺愛亭記 代巢元脩

何武所至無赫赫名去而人思之此之謂遺愛夫君子循理而動理窮而止應物而作物去而復夫何赫赫名之有哉東海徐君猷以朝散郎為黄州未嘗怒也而民不犯未嘗察也而吏不欺終日無事嘯詠而已每歲之春與眉陽子瞻游於安國寺飲酒於竹間亭擷亭下之茶烹而食之公既去郡寺僧繼連請名

子瞻名之曰遺愛時穀自蜀来客於子瞻因子瞻以見公公命穀記之穀愚樸羇旅人也何足以知公採道路之言質之於子瞻以為之記

傳神記

傳神之難在目顧虎頭云傳形寫影都在阿睹中其次在顴頰吾甞於燈下顧自見頰影使人就壁摸之不作眉目見者皆失笑知其為吾也目與顴頰似餘無不似者眉與鼻口可以增減取似也傳神與相一道欲得其人之天法當於衆中陰察之今乃使人具衣冠坐注視一物彼方歛容自持豈復見其天乎凡

人意思各有所在或在眉目或在鼻口虎頭云頰上加三毛覺精采殊勝則此人意思蓋在須頰間也優孟學孫叔敖抵掌談笑至使人謂死者復生此豈舉體皆似亦得其意思所在而已使畫者悟此理則人人可以為顧陸吾嘗見僧惟真畫曾魯公初不甚似一日往見公歸而喜甚曰吾得之矣乃於眉後加三紋隱約可見作俛首仰視眉揚而頞蹙者遂大似南都程懷立衆稱其能於傳吾神大得其全懷立舉止如諸生蕭然有意於筆墨之外者也故以吾所聞助發云

熙寧手詔記

楊繪累奏罷諫職兼求外補及乞明加黜責蓋繪未深究朕意繪踈迹遠人立朝寡識不畏强禦知無不為始一見之便知其忠直可信故翌日即擢置言職知任亦甚篤矣今日降命蓋謂難與曾公亮兩立於輕重之間故當且避之卿可喻朕此意令早承命或示朕此札亦不妨熙寧元年故翰林學士楊繪以知制誥知諫院上疏論故相曾公亮事先帝直其言然未欲遽行也故除公兼侍讀公力辭不已乃以手詔賜今龍圖閣學士滕公元發使以手詔賜公公卒不受命而詔遂藏於家是歲四月復除公知諫院以毋

憂去官其後二十年公沒於桃州喪過京師其子以
沖少年詔相示且請記之謹按先帝臨御之初公與
滕公皆豪國士之知凡所以開心見誠相期於度外
者類皆如此未究其用為小人所誣故困於外十有
餘年先帝謹於用法故未即起公然知之未小衰也
侯先帝嘗在公豈流落而不用終身者哉悲夫

應夢羅漢記

元豐四年正月二十一日予將往岐亭宿於團封夢
一僧破面流血若有所訴明日至岐亭過一廟中有
阿羅漢像左龍右虎儀制甚古而面為人所擊顧之

惘然庶幾疇昔所見乎遂載以歸完新而龕之設于安國寺四月八日先妣武陽君忌日飯僧于寺乃記之責授黄州團練使眉山蘇某記

觀妙堂記

不憂道人謂歡喜子曰来我所居室汝知之乎沉寂湛然無有喧爭嗒然其中死灰槁木以異而同我既名為觀妙矣汝其為我記之歡喜子曰是室云何而求我況乎妙事了無可觀既無可觀亦無可説欲求少分可以觀者如石女兒世終無有欲求多分可以説者如虚空花究竟非實不説不觀了達無礙超出

三界入智慧門雖然如是置之不可執偏強生分别

以一味語斷之無疑譬用筌蹄以得魚兎及施燈燭

以照坵坑獲魚兎矣筌蹄了忘知丘坑處燈燭何施

今此居室孰為妙與蕭然是非行住坐卧飲食語默

具足衆妙無不現前覽之不有都之不無倏知覺知

要妙如此當持是言普示来者入此室時作如是觀

法雲寺禮拜石記

夫供養之具最為佛事先其法不一他山之石平不

容垢横展如席頎為一座具之用晨夕禮佛以此皈

依當敬禮無所觀時運心廣愽無所不在天上人間

以至地下悉觸智光聞我佛修道時芻泥巢頂雲佛氣分後皆受報則禮佛也其心實重有德者至是禮也頓一拜一起無過父母乘此願力不墮三塗佛力不可盡石不可盡願力不可盡三者既不可盡二親獲福生生世世亦不可盡今對佛宣白惟佛實臨之元祐八年七月中旬内殿崇班馬惟寬捨

醉鄉記

醉鄉去中國不知其幾千里也其土曠然無涯無丘陵阪險其氣和平一揆無晦明寒暑其俗大同無邑居聚落其人甚精無愛憎喜怒吸風飲露不食五穀

其寢于于其行徐徐鳥獸魚鼈雜居不知有舟車器械之用昔者黃帝氏嘗獲遊其都歸而冐然喪其天下以為結繩之政已薄矣降及堯舜作為千鍾百榼之獻因姑射神人以假道蓋至其邊鄙終身太平禹湯立法禮繁樂雜數十代與醉鄉隔其臣羲和棄甲子而逃冀臻其鄉失路而道夭故天下遂不盜至乎末孫桀紂怒而升其糟丘階級迂伊南嚮而望不見醉鄉武王氏得志于世乃命周公旦立酒人氏之職典司五齊拓土五千里僅與醉鄉達焉三十年刑措不用下逮幽厲迄于秦漢中國喪亂遂與醉鄉絕而

臣下之受道者往往初至焉阮嗣宗陶淵明等數十人並遊醉鄉沒身不返死葬其壤中國以爲酒仙嗟乎醉鄉氏之俗豈古華胥氏之國乎何其淳寂也如是予將遊焉故爲之記

睡鄉記

睡鄉之境蓋與齊州接而齊州之民無知者其政甚淳其俗甚均其土平夷廣大無東西南北其人安恬舒適無疾痛札癘昏然不生七情芒然不交萬事蕩然不知天地日月不絲不穀佚卧而自足不舟不車極意而遠遊冬而絺夏而纊不知其有寒暑得而悲

失而喜不知其有利害以謂凡其所目見者皆妄也
昔黄帝聞而樂之閒居齋心服形三月弗獲其治疲
而睡盖至其鄉既寢厭其國之多事也召二臣而告
之凡二十有八年而天下大治似睡鄉焉降及堯舜
無為世以為睡鄉之俗也禹湯胈無胈脛無毛剪介
為牲以救天災不暇與睡鄉往來武王克商還周日
夜不寢曰吾未定大業周公夜以繼日坐以待旦為
王作禮樂伐鼓扣鍾雞人號于右則睡鄉之邊徼屢
警矣其孫穆王慕黄帝之事因西方化人而神遊焉
騰虚空乘雲霧卒莫覩所謂睡鄉也至孔子時有宰

予者亦棄其學而遊焉不得其塗大迷謬而返戰國秦漢之君悲愁傷生内窮於長夜之飲外累於攻戰之具於是聽鄉始丘墟矣而蒙漆園吏莊周者知過之化爲蝴蝶翩翩其間蒙人弗覺也其後山人處士之慕道者猶往往而至至則囂然樂而忘歸從以爲之徒云嗟夫予也幼而勤行長而競時卒不能至豈不迂哉因夫斯人之問津也故記

淮陰侯廟記

應龍之所以爲神者以其善變化而能屈伸也夏則天飛效其靈也冬則泥蟠避其害也當嬴氏刑憯網

密毒流海內銷鋒鏑誅豪俊將軍乃辱身汙節避世用晦志在鵲起豹變食全楚之租故受饋於漂母抱王霸之略蓄英雄之壯圖志輕六合氣蓋萬夫故忍耻跨下洎乎山鬼反璧天亡秦族遇知己之英主陳不世之奇策崛起蜀漢席捲關輔戰必勝攻必剋掃強楚滅暴秦平齊七十城破趙二十萬乞食受辱惡足累大丈夫之功名哉然使水行未殞火流猶潛將軍則與草木同朽麋鹿俱死安能持太阿之柄雲飛龍驤起徒步而取侯王噫自古英津之士不遇機會委身草澤名堙滅而無稱者可勝道哉乃碑而銘之

曰書軌新邦英雄舊里海霧朝翻山烟暮起宅臨舊楚廟枕清淮枯松折柏廢井荒臺我停單車思人望古淮陰少年有目無睹不知將軍用之如虎

靜常齋記

虛而一直而正萬物之生芸芸此獨漠然而自定吾其命之曰靜泛而出渺而藏萬物之逝滔滔此獨且然而不忘吾其命之曰常無古無今無生無死無終無始無後無先無我無人無能無否無離無着無證無修即是以觀非愚則癡舍是以求非病則狂昏昏默默了不可得混混沌沌茫茫不可論雖有至人亦不

可聞聞爲真聞亦不可知知爲真知是猶在聞知之域而不足以髣髴況縁迹遂響以希其至不亦難哉既以是爲吾號又以是爲吾室則有名之累吾何所逃然亦趨寂之指南而求道之鞭影乎

趙先生舍利記

趙先生棠本蜀人孟氏節度使廷隱之後今屬南海人仕至幕職官南海有潘冕者陽狂不測人謂之潘盎南海俚人謂心風爲盎盎常與京師言法華偈頌往来言云盎日光佛也先生棄官從盎遊盎以謂盡得我道盎既隱去不知其所終而先生亦坐化焚其

衣得舍利數升我與先生之子昶遊故得此舍利四十八粒盎與先生異迹極多張安道作先生墓誌具載其事大今為大理寺丞知藤州元豐三年十一月十五日以舍利授寶月大師之孫悟清使持歸本院供養巴郡蘇某記

北海十二石記

登舟下臨大海目力所及沙門鼉磯車牛大竹小竹凡五島惟沙門最近兀然焦枯其餘皆紫翠巉絕出没濤中真神仙所宅也上生石芝草木皆奇瑋多不識名者又多美石五采斑爛或作金色熙寧己酉歲

李天章為登守吳子野往從之游時解貳卿致政退居于登使人入諸島取石得十二株皆秀色粲然適有舶在岸下將轉海至朝子野請於解公盡得十二石以歸置所居歲寒堂下近世好事能致石者多矣未有取北海而置南海者也元祐八年八月十五日東坡居士蘇某記

子姑神記

元豐三年正月朔日予始去京師來黄州二月朔至郡至之明年進士潘丙謂予曰異哉公之始受命黄人未知也有神降于州之僑人郭氏之第與人言如

嚮且善賦詩曰蘇公將至而吾不及見也已而公以
是日至而神以是日去其明年正月丙又曰神復降
于郭氏予往觀之則衣草木為婦人而置筯手中二
小童子扶焉以筯畫字曰妾壽陽人也姓何氏名媚
字麗卿自幼知讀書屬文為伶人婦唐垂拱中壽陽
刺史害妾夫納妾為侍妾而其妻妬悍甚見殺於廁
妾雖死不敢訴也而天使見之為直其冤且使有所
職於人間蓋世所謂子姑神者其類甚衆然未有如
妾之卓然者也公少留而為賦詩且舞以娛公詩數
十篇敏捷立成皆有妙思雜以嘲笑問神仙鬼佛變

化之理其荅皆出於人意外坐客撫掌作道調梁州神起舞中節曲終再拜以請曰公文名於天下何惜方寸之紙不使世人知有妾乎予觀何氏之生見掠於酷吏而遇害於悍妻其怨深矣而終不指言刺史之姓名似有禮者客至逆知其平生而終不言人之陰私與休咎可謂智矣又知好文字而耻無聞於世皆可賢者粗為録之荅其意焉

天篆記

江淮閒俗尚鬼歲正月必衣服箕箒為子姑神或能數數畫字黄州郭氏神最異予去歲作何氏録以記

之今年黃人汪若谷家神尢奇以箸為口置筆口中與人問荅如響曰吾天人也名全字德通姓李氏以若谷再世為人吾是以降焉箸篆字筆勢甚奇而字不可識曰此天篆也與予篆三十字云是天蓬呪使以隸字釋之不可見黃之進士張炳曰久闊無恙炳問安所識荅曰子獨不記劉苞乎吾即苞也因道炳昔與苞起居語言狀甚詳炳大驚告予曰昔嘗識苞京師青巾布裘文身而嗜酒自言齊州人今不知其所在豈真天人乎或曰天人豈肯附箕帚為子姑神從汪若谷遊哉予亦以為不然全為鬼為仙固不可

知然未可以其所託之陋疑之也彼誠有道視王宮豕牢也其字雖不可識而意趣簡古非虛落閭竊食愚鬼所能爲者昔長陵女子以乳死見神於先後宛若民多往祠其後漢武帝亦祠之謂之神君震動天下若疑其所托又陋於全矣世人所見常少所不見常多奚必於區區耳目之所及度量世外事乎姑藏其書以待知者

傳

僧圓澤傳

洛師惠林寺故光禄卿李憕居第禄山陷東都憕以居守死之子源少時以貴游子豪侈善歌聞於時及

燈死悲憤自誓不仕不娶不食肉居寺中五十餘年寺有僧圓澤富而知音源與之游甚密促膝交語竟日人莫能測一日相約游蜀青城峩眉山源欲自荊州泝峽澤欲取長安斜谷路源不可曰吾已絕世事豈可復道京師哉澤默然久之曰行止固不由人遂自荊州路舟次南浦見婦人錦襠負甖而汲者澤望而泣曰吾不欲由此者為是也源驚問之澤曰婦人姓王氏吾當為之子孕三歲矣吾不來故不得乳今既見無可逃者公當以符呪助我速生三日浴兒時願公臨我以笑為信後十三年中秋月夜杭州天竺

寺外當與公相見源悲悔而爲具沐浴易服至暮澤
亡而婦乳三日往視之兒見源果笑具以語王氏出
家財塟澤山下源遂不果行反寺中問其徒則既有
治命矣後十二年自洛適吴赴其約至所約聞葛洪
川畔有牧童扣牛角而歌之曰三生石上舊精魂賞
月吟風不要論慚愧情人遠相訪此身雖異性長存
呼問澤公健否荅曰李公真信士然俗緣未盡慎勿
相近惟勤修不墮乃復相見又歌曰身前身後事茫
茫欲話因緣恐斷腸吴越山川尋已遍却回烟棹上
瞿塘遂去不知所之後二年李德裕奏源忠臣子篤

孝拜諫議大夫不就竟死寺中年八十此出袁郊所作甘澤謠以其天竺故事故書以遺寺僧舊文煩冗頗爲刪改

杜處士傳

杜仲郁里人也天資厚朴而有遠志聞黄環名從之游因陳曰顛輔子半夏幸仁憫焉使得旋復自古揚搉環曰子言匪實宜蚤休少從容將訶子矣仲曰人之相仁雖不百合亦自然同況吐新意以前乎吾聞夫子雌黄冠衆故求決明於子今子微銜吾爲其非儕乎曰吾如貧者食無餘粮獨活久矣子今屑就何以充蔚子乎苟迹子之素狂若所請亦大激矣試聞子

之志也曰敢問士何以益智行何以非廉先王不留
行者何事也曰此匪子解也夫得所託者猶之射干
臨於層城也居非地者猶之困於蒺藜也今子宛如
易之所謂井渫不食也非揚淘之而欲其中空清是
坐恒山而望扶桑耳勢不可及已使投垢爇艾以求
別當世則與之無名異矣某嘗甚願子白之曰吾自
通徼預知子高良故謾矜子以短而欲亂子言子能
詳徼意知所激刺亦無患子矣雖然澤蘭必馨今王
明苟起子為赤車使者且將封子子甘從之乎曰吾
大則欲伏神以安息小者吾殊于衆而已矣雖登文

石摩螭頭不願也古人有三聘而起松蘿者迫實用也余將杜衡門以居之為一白頭翁雖五加皮幣於我如水萍耳豈當歸之哉環曰然世有陰險以求石斛之禄者五味子之言可也雖吾亦續隨子矣或斥之曰船破須筎酒成於麴猶君之録英才也彼貪禄角進者可誚之也若夫躑躅而還鄉甘遂意於丁沉則吾之所謂獨行之民可使君子懷寶烏久居此為哉余愛仲善依人而嘉環能發其心故録之為傳

萬石君羅文傳

羅文歙人也其上世常隱龍尾山未嘗出為世用自

秦棄詩書不用儒學漢興蕭何輩又以刀筆吏取將相天下靡然效之爭以刀筆進雖有奇產不暇推擇也以故羅氏未有顯人及文資質溫潤縝密可喜隱居自晦有終焉之意里人石工獵龍尾山因窟入見文塊然居其間熟視之笑曰此所謂邦之彥也豈得自棄於岩穴耶乃相與定交磨礱成就之使從諸生學因得與士大夫游見者咸愛重焉武帝方向學喜文翰得毛穎之後毛純為中書舍人純一日奏曰臣幸得收録以備任使然以臣之愚不能獨大用今臣同事皆小器頑滑不足以置左右願得召臣友人羅

文以相助詔使隨計吏入貢蒙召見文德殿上望見
異焉因玩弄之曰卿久居荒土得被漏泉之澤涵濡
浸漬久矣不自枯槁也上復叩擊之其音鏗鏗可聽
上喜曰古所謂玉質而金聲者子真是也使待詔中
書久之拜舍人是時墨卿楮先生皆以能文得幸而
四人同心相得歡甚時人以為文苑四貴每有詔命
典策皆四人謀之其大約雖出於上意必使文潤色
之然後琢磨以墨卿謀畫以毛純成以受楮先生使
行之四方遠夷無不達焉上嘗嘆曰是四人者皆國
寶也然重厚堅貞行無瑕玷自二十石至百石吏皆

無如文者命尚方以金作室以蜀文錦爲薦褥賜之其後于闐進美玉上使以玉作小屏風賜之并賜高麗所献銅瓶爲飲器親愛日厚如純輩不敢望也上得群才用之遂内更制度修律曆講郊祀治刑獄外征伐四夷詔書符檄札文之事皆文等預焉上思其功制詔丞相御史曰蓋聞議法者常失於太深論功者常失於太薄有功而賞不及雖唐虞不能以相勸中書舍人羅文久典書籍助成文治厥功茂焉其以歙之祁門三百户封文號萬石君世世勿絶文爲人有廉隅不可犯然搏擊非其任喜與老成知書者游

常曰吾與兒輩處每慮有玷缺之患其自愛如此以
是小人多輕疾之或譏於上曰文性貪墨無潔白稱
上曰吾用文掌書翰取其便事耳雖貪墨吾固知不
如是亦何以見其才自是左右不敢復言文體有寒
疾每冬月侍書輒面氷不可運筆上時賜之酒然後
能書元狩中詔舉賢良方正淮南王安舉端紫以對
策高第待詔翰林超拜尚書僕射與文並用事紫雖
乏文采而令色尤可喜以故常在左右文浸不用上
幸甘泉祠河東巡朔方紫常扈從而文留守長安禁
中上還之文塵垢面目頗憐之文因進曰陛下用人

誠如汲黯之言後来者居上耳上曰吾非不念爾以爾年老不能無少圓缺故也左右聞之以為上意不悦因不復顧省文乞骸骨伏地上詔使駙馬都尉金日磾翼起之日磾胡人初不知書素惡文所為因是擠之殿下顛仆而卒上憫之令宦者瘞於南山下子堅嗣堅資性温潤文采縝密不減文而器局差小起家為文林郎侍書東宫昭帝立以舊恩見寵帝春秋益壯喜寛大慱厚者顧堅器小斥不用堅亦以落落難合於世自視與瓦礫同昭帝崩大將軍霍光以帝平生玩好器用後宫美人置之平陵堅自以有舊恩

乞守陵拜陵寢郎後死葬平陵自文生時宗族分散四方高才奇特者王公貴人以金帛聘取為從事舍人其下亦與巫醫書筭之人游皆有益於其業或因以致富焉

贊曰羅氏之先無所見豈左氏所稱羅國哉考其國邑在江漢之間為楚所滅子孫疑有散居黟歙間者嗚呼國既破亡而後世猶以知書見用至今不絕人豈可以無學術哉

江瑶桂傳

生姓江名瑶桂字子羡其先南海人十四代祖媢川

避合浦之亂徙家閩越閩越素多士人聞媚川之来甚喜朝夕相與探討又從而鐫琢之媚川深自晦匿甞喟然謂其孫子曰匹夫懷寶吾知其罪矣尚子平何人耶遂棄其弩浪迹泥塗中潛德不耀人莫知其所終媚川生二子長曰添丁次曰馬頰始来鄞江今為明州奉化人瑶柱世孫也性温平外懿而内淳稍長去襮類頎長而白皙圓直如柱無絲髪附麗態父友庖公異之且曰吾閱人多矣昔人夢資質之美有如玉川者是兒亦可謂瑶柱矣因以名之生寡欲然極好滋味合口不論人是非人亦甘心焉獨與峨嵋

洞車公清溪遐丘子望湖門章舉先生善出處大略
相似所至一坐盡傾然三人者亦自下之以謂不可
及也生亦自養名聲動天下鄉閭尤愛重之凡歲時
節序冠婚慶賀合親戚燕朋友必延為上客一不至
則憮然皆云無江生不樂生頗厭苦之間或逃避於
寂寞之濱好事者雖解衣求之不憚也至於中朝達
官名人游宦東南者往往指四明為善地亦屢屬意
於江生惟扶風馬太守不甚禮之生浸不悅跳身武
林道感溫風得中乾疾為親友強起置酒高會座中
有合氏子亦江淮間名士也輒坐生上衆口歎羡之

曰閩客名舊矣，盖鄉曲之譽不可盡信。韓子所謂面目可憎、語言無味者，非客耶？客第歸，人且不愛客而棄之海上，遇逐臭之夫，則客歸矣，尚可與合氏子爭乎？生不能對，大慚而歸，語其友人曰：吾棄先祖之戒，不能深藏海上，而薄游樽俎閒，又無馨德發聞，惟腥宜見擯於合氏子，而府公貶我固當，後吾子游於水下，苟不得志，雖粉身亦何憾。吾去子矣。已而果然。其後族人復盛於四明，然聲譽稍滅云。

太史公曰：里諺有云：果蓏失地則不榮，魚龍失水則不神。物固且然，人亦有之。嗟乎！瑶柱誠美士乎，方其為席上之珎風味藹然雖龍肝鳳髓有不及者一旦出非其時而喪其真衆人且掩鼻而過之士大夫有識者亦為品藻而置之下士之出處不可不愼也悲夫

黄甘陸吉傳

黄甘陸吉者楚之二高士也黄隱於泥山陸隱於蕭山楚王聞其名遣使召之陸吉先至賜爵左庶長封洞庭君尊寵在群臣右久之黄甘始来一見拜温尹平陽侯班視令尹吉起隱士與甘齊名入朝久尊貴用事一旦吉位居上甘心銜之群臣皆疑之會秦遣蘇軫鍾離意使楚楚召燕章華臺群臣皆與甘坐上

坐吉咈然謂之曰請與子論事甘曰唯唯吉曰齊楚
約西擊秦吾引兵踰關身犯霜露與枳棘最下者同
甘苦率家奴千人戰季洲之上拓地至漢南而歸子
功孰與甘曰不如也曰神農氏之有天下也吾剥膚
剖肝怡顏下氣以固蔕之術獻上上喜之命注記官
陶弘景狀其方略以付國史出爲九江守宣上德澤
使童兒亦懷之子才孰與甘曰不如也吉曰是二者
皆出吾下而位吾上何也甘徐應之曰君何見之晚
也每歲太守勸駕乘傳入金門上玉堂與虞荔申梠
梅福棗嵩之徒列侍上前使數子者口呿舌縮不復

上齒牙閒當此之時屬之於子乎屬之於我乎吉默然良久曰屬之於子矣甘曰此吾之所以居子之上也於是群臣皆伏歲終吉以疾免更封甘子爲穰侯吉之子爲下邳侯穰侯遂廢不顯下邳以美湯藥官至陳州治中

太史公曰田文論相吳起說相如同車𢉍頗屈娙欲弊衣尹姬悔甘吉亦然傳曰女無好醜入宮見妬士無賢不肖入朝見嫉此之謂也雖美惡之相遼嗜好之不齊亦焉可勝道哉

葉嘉傳

葉嘉閩人也其先處上谷曾祖茂先養高不仕好游名山至武夷悦之遂家焉嘗曰吾植功種德不為時採然遺香後世吾子孫必盛於中土當飲其惠矣茂先葬郝源子孫遂為郝源民至嘉少植節操或勸之業武曰吾當為天下英武之精一槍一旗豈吾事哉因而游見陸先生先生奇之為著其行録傳於時方漢帝嗜閲經史時建安人為謁者侍上上讀其行録而善之曰吾獨不得與此人同時哉曰臣邑人葉嘉風味恬淡清白可愛頗負其名有濟世之才雖羽知猶未詳也上驚勑建安太守召嘉給傳遣詣京師郡

守始令採訪嘉所在命齎書示之嘉未就遣使臣督
促郡守曰葉先生方閉門制作研味經史志圖挺立
必不屑進未可促之親至山中為之勸駕始行登車
遇相者揖之曰先生容質異常矯然有龍鳳之姿後
當大貴嘉以皁囊上封事天子見之曰吾久飫卿名
但未知其實爾我其試哉因顧謂侍臣曰視嘉容貌
如鉄資質剛勁難以遽用必槌提頓挫之乃可遂以
言恐嘉曰碪斧在前鼎鑊在後將以烹子子視之如
何嘉勃然吐氣曰臣山藪猥士幸惟 陛下採擇至
此可以利生雖粉身碎骨臣不辭也上笑命以名曹

處之又加㮽要之務焉因誡小黄門監之有頃報曰
嘉之所為猶若粗踈然上曰吾知其才第以獨學未
經師耳嘉為之屑屑就師頃刻就事已精熟矣上乃
勑御史歐陽高金紫光禄大夫鄭當時甘泉侯陳平
三人與之同事歐陽疾嘉初進有寵曰吾屬且為之
下矣計欲傾之會　天子御延英促召四人歐但熱
中而已當時以足擊嘉而平亦以口侵陵之嘉雖見
侮為之起立顏色不變歐陽悔曰　陛下以葉嘉見
託吾輩亦不可忽之也因同見帝陽稱嘉美而陰以
輕浮訕之嘉亦訴於上上為責歐陽憐嘉視其顏色

久之曰葉嘉真清白之士也其氣飄然若浮雲矣遂引而宴之少選間上鼓舌欣然曰始吾見嘉未甚好也久味其言令人愛之朕之精魄不覺洒然而醒書曰啓乃心沃朕心此之謂也於是封嘉鉅合侯位尚書曰尚書朕喉舌之任也由是寵愛日加朝廷賓客遇會宴享未始不推於嘉上日引對至于再三後因侍宴苑中上飲踰度嘉輙苦諫上不悅曰卿司朕喉舌而以苦辭逆我余豈堪哉遂唾之命左右仆于地嘉正色曰　陛下必欲甘辭利口然後愛耶臣雖言苦久則有效　陛下亦嘗試之豈不知乎上顧左右

曰始吾言嘉剛勁難用今果見矣因含容之然亦以是踈嘉嘉既不得志退去閩中既而曰吾末如之何也已矣上以不見嘉月餘勞於萬機神薾思困頗思嘉因命召至喜甚以手撫嘉曰吾渴見卿久矣遂恩遇如故上方欲南誅兩越東擊朝鮮北逐匈奴西伐大宛以兵革為事而大司農奏計國用不足上深患之以問嘉嘉為進三策其一曰摧天下之利山海之資一切籍於縣官行之一年財用豐贍上大悅兵興有功而還上利其財故摧法不罷管山海之利自嘉始也居一年嘉告老上曰鉅合佚其忠可謂盡矣遂

得爵其子又令郡守擇其宗支之良者每歲貢焉嘉

子二人長曰摶有父風故以襲爵次子挺抱黃白之
術比於摶其志尤淡泊也嘗散其資拯鄉閭之困人
皆德之故鄉人以春伐鼓大會山中求之以為常
贊曰今葉氏散居天下皆不喜城邑惟樂山居氏于
閩中者蓋嘉之苗裔也天下葉氏雖夥然風味德馨
為世所貴皆不及閩閩之居者又多而郝源之族為
甲嘉以布衣遇　天子爵徹侯位八座可謂榮矣然
其正色苦諫竭力許國不為身計蓋有以取之夫先
王用於國有節取於民有制至於山林川澤之利一

切與民嘉謀以權之雖救一時之急非先王之舉

也君子譏之或云管山海之利始於鹽鐵承孔僅桑

弘羊之謀也嘉之廣未行於時至唐趙贊始舉而用

之

溫陶君傳

石中美字信美中牟人也本姓麥氏既破隨母羅氏

去其夫而適石氏因冒其姓始中美之生也其父太

卜氏以連山筮之遇師☰之交是謂師之革☰曰生

乎土成乎水而變乎火以鍊之坤以布之金以熟

之口以內之腹以藏之義在其中而暢於四支能者

樂之以為大腹不能者傷之以為心病衆所說也善
孰大焉故因以名字之中羨幼輕躁踈散與物不合
得其鄉人儲子之意因使從滏水湯先生游既熟遂
陶而成之為人白皙而長温厚柔忍在諸石中最有
名儲子因秦故司馬錯李斯子由趙高閻樂並薦於
秦王得與圃田蔡甲肥鄉羊𩑔内黄韓音子俱召見
是時王方省覽文書日昃未食見之甚喜曰卿等向
皆安在何相見之晚耶未見君子惄如調飢卿等之
謂也自是皆得進見充上心腹賜爵土更上食典御
旦夕召對所獻納時或粗踈上未嘗不盡善也秦王

以嫪毒事出文信侯而遷太后怒恚數日不食中美
賜爵徹侯食溫定陶二縣號溫陶君中美既被任用
凡有造作自丞相以下莫不是之其為人柔和有以
塞讒人之口故也他日秦王坐朝日旰意有所思亟
召中美將虡以納之中美不孰計以進其說頗剛鯁
志不快之者累日有博士單軫說上曰為其所傷矣
宜有以下之即無患因追其弟子已丱元華於上上
意稍平然自是遂踈中美不得為尚食矣中美曰吾
為尚食日夕自謂不素餐兮者今吾與平生輩皆不
得進縱復有用者將誅辱乎昔也得充心腹而今也

遽不信是有不善我之心雖使時或思我彼將不盡
矣遂稱疾以佚就第其後子孫生郡郭者散居四方
自號渾氏卼氏索氏石氏為四族云

碑

表忠觀碑

熙寧十年十月戊子資政殿大學士右諫議大夫知
杭州軍州事臣抃言故吳越國王錢氏墳廟及其父
祖妃夫人子孫之墳在錢塘者二十有六在臨安者
十有一皆蕪廢不治父老過之有流涕者謹按故武
肅王鏐始以鄉兵破走黄巢名聞江淮復以八都兵

討劉漢宏幷越州以奉董昌而自居於杭及昌以越
叛則誅昌而幷越盡有浙東西之地傳其子文穆王
元瓘至其孫忠獻王仁佐遂破李景兵取福州而仁
佐之弟忠懿王俶又大出兵攻景以迎周世宗之師
其後卒以國入覲三世四王與五代相終始天下大
亂豪傑蜂起方是時以數州之地盜名字者不可勝
數既覆其族延及于無辜之民罔有孑遺而吳越地
方千里帶甲十萬鑄山煑海象犀珠玉之富甲於天
下然終不失臣節貢獻相望於道是以其民至於老
死不識兵革四時嬉遊歌舞之聲相聞至于今不廢

其有德於斯民甚厚皇宋受命四方僭亂以次削平
而蜀江南負其嶮遠兵至城下力屈勢窮然後束手
而河東劉氏百戰守死以抗王師積骸為城釃血為
池竭天下之力僅乃克之獨吳越不待告命封府庫
籍郡縣請吏于朝視去其國如去傳舍其有功於朝
廷甚大昔竇融以河西歸漢光武詔右扶風修理其
父祖墳塋祠以太牢今錢氏功德殆過於融而未及
百年墳廟不治行道傷嗟甚非所以勸獎忠臣慰荅
民心之義也臣頓以龍山廢佛祠曰妙因院者為觀
使錢氏之孫為道士曰自然者居之凡墳廟之在錢

塘者以付自然其在臨安者以付其縣之淨土寺僧曰道徵歲各度其徒一人使世掌之籍其地之所入以時修其祠宇封殖其草木有不治者縣令丞察之甚者易其人庶幾永終不墜以稱朝廷待錢氏之意臣抃昧死以聞制曰可其妙因院改賜名曰表忠觀

銘曰

天目之山苕水出焉龍飛鳳舞萃于臨安篤生異人絶類離群奮挺大呼從者如雲仰天誓江月星晦蒙強弩射潮江海為東殺宏誅昌奄有吳越金券玉冊虎符龍節大城其居包絡山川左江右湖控引島蠻

歲將歸休以燕父老睠如神人王帶毬馬四十一年
寅畏小心厥篚相望大貝南金五朝昏亂罔堪託國
三王相承以待有德既獲所歸弗謀弗咨先王之志
我維行之天胙忠孝世有爵邑允文允武子孫千億
帝謂守臣治其祠墳毋俾樵牧愧其後昆龍山之陽
巋焉新宮匪私于錢唯以勸忠非忠無君非孝無親

凡百有位視此刻文

宸奎閣碑

皇祐中有詔廬山僧懷璉住京師十方淨因禪院召
對化成殿問佛法大意奏對稱旨賜號大覺禪師是

時北方之為佛者皆留於名相囿於因果以故士之聰明超軼者皆鄙其言詆為蠻夷下俚之說璉獨指其妙與孔老合者其言文而真其行峻而通故一時士大夫喜從之遊遇休沐日璉未盥漱而戶外之屨滿矣　仁宗皇帝以天縱之能不由師傳自然得道與璉問答親書頌詩以賜之凡十有七篇至和中上書乞歸老山中上曰山即如如體也將安歸乎不許治平中再乞堅甚　英宗皇帝留之不可賜詔許自便璉既渡江少留于金山西湖遂歸老于四明之阿育王山廣利寺四明之人相與出力建大閣藏所賜

頌詩榜之曰宸奎時京師始建寶文閣詔取其副本
藏焉且命歲度僧一人璉歸山二十有三年年八十
有三臣出守杭州其徒使來告曰宸奎閣未有銘君
逮事昭陵而與吾師遊最舊其可以辭臣謹按古之
人君號知佛者必曰漢明梁武其徒蓋常以藉口而
繪其像于辟者漢明以察為明而梁武以弱為仁皆
緣名失實去佛遠甚恭惟　仁宗皇帝在位四十二
年未嘗廣度僧尼崇修寺廟干戈斧鑕未嘗有所私
貸而升遐之日天下歸仁焉此所謂得佛心法者古
今一人而已璉雖以出世法度人而持律嚴甚王嘗

賜以龍腦鉢盂琿對使者焚之曰吾法已壞色衣以

瓦鉄食此鉢非法使者歸奏上嘉歎久之銘曰

巍巍仁皇體合自然神耀得道非有師傳維道人琿

逍遥自在禪律並行不相留礙於穆頌詩我既其文

惟佛與佛乃識其真咨爾東南山君海王時節来朝

以謹其蔵

祝文

告文宣王文

嗟嗟元王三代之英言不鉤用於一君而為無窮之

遺教身不寵利於一時而有不朽之餘榮嗟嗟元王

以道而鳴肆筆成書吐辭爲經炳然不渝言若丹青久而愈盈聲非雷霆聾者可以使𥄉目以駭視聵者可以使抉耳以犇驚奈何轍環天下卒老于行載空言於典籍示後世之儀形回狂瀾於既倒支大厦於將傾揭日月之昭昭破陰氛之冥冥嗟乎一氣之委和與萬物之至精或爲淮夷之蠙珠或爲雲漢之華星雖光輝之成彩未離乎散聚以流形豈若王之道德愈久而彌明瞄瞄而華涵涵而停融融而在天者爲雲漢之文章結而在地者爲山嶽之元靈詭然如龍翔鳳躍純乎玉振而金聲嗟嗟元王德博難名某

奉王命俯臨邊城畝有滯穗境無交兵鳴玉載道紛
袍在庭有踐籩豆有豐粢盛敢用昭薦饗于克誠

告顔子文

志不行於時而能驅世以歸仁澤不加于民而能顯
道以終身德無窮通古難其人惟公能之絕世離倫
富貴不義視之如雲飲止一瓢不憂其貧受教孔子
門人益親血食萬世配享惟神敢不昭薦公乎有聞

告五嶽文

相天以育物者五方之帝也配德以作鎮者五嶽之
神也天為眞君帝為眞宰五嶽者三公之象也某叨

受朝寄出守藩土神不鑒罰民有豐歲敢用告誠以謝靈貺

秋賽二首

惟神聰明爲民依庇宜秩典祀欽奉靈祠况農事之肇興賴神靈之降宥一邦蒙惠已贍風雨之時百里有嚴將享秋冬之報

惟神光昭祀典幽賛化功享廟食以惟嚴垂介福而無斁屬兹豐歲爰舉舊規式陳蠲潔之儀冀異報有年之慶

杭州禱觀音祈晴文

三吳之災連歲不稔尚賴朝廷之澤大分倉廩之陳乃眷疲羸僅免流殍今者淫雨彌月秋成半空永惟嗣歲之憂將有流離之懼我大菩薩行平等慈覩此衆生皆同赤子反雨暘於指顧化豐歉於斯須雖某等不德而召災念斯民無辜而可憫顒興慈率一拯含生

謝觀音晴文

民無常心固何知於帝力天作淫雨當有感於佛慈慧光照臨陰沴消復拯農工於溝壑寬吏責於簡書某等共銜不報之恩顒頌難名之德恭馳梵宇少薦

徽誠

祈晴文

常平之政覩歲羨惡操其贏虛以馭農末秋穀未登
已食其陳嗣歲之虞當歛其新迨茲秋暘載穫載舂
陰雨害之穡人罔功我發庫泉以實髙廩盍勑雨官
遄止其霪既暵我場萬杵皆作待此坻京援我溝壑
不顯大神雨霽在予匪民焉依其忍弗圖

謝晴文

天作淫雨害于粢盛蒙神之休猶得中蒸薄奠匪報
式昭厥誠

祈雨文

六月不雨乃時之常或霖或霪於稼則傷稼將有秋民飢所望某也不德守此一方罪在守臣無俾民殃人不能神易雨而賜神其聽之庶乎降康

謝雨文

竊以農事告成旱魃為沴寖罹焦爍之害遂稽收刈之勤自非降靈大庇羣俗以下膏澤之賜庶有豐盈之期實神助之使然豈愚誠之能致是用特臨神宇再欵睟容輒傾消潔之誠仰荅靈威之祐

祈雪霧猪泉文

噫嘻我民何辜于天不水則旱于今二年天未悔禍百日不雨雪不飲塵麥不盖土天子命我禱于山川側聞此山神龍之淵躬拜稽首敢丐一勺得雪盈尺牲酒是酢

祈雪文

水旱輒求惟吏之羞有求不倦惟神之休乙卯之雪膚寸而已如燔輿薪救以勺水嘉肴旨酒既謝且祈頤終其賜盈尺為期

祭勾芒神文

夫帝出乎震神實輔之玆日立春農事之始將平秩於東作先恭授於人時乃出土牛以示早晚惟神其祐

之春律既應農事將作爰出土牛以爲耕候維爾有神
實左右之雨暘以時螟螣不作以克有年敢忘其報
祭佛陀波利文
積雪始消陰沴再作小民無辜斃于飢寒草木昆虫悉
罹其厄並走羣望祈而未報意雨霽有數非神得專
惟我大士含法分無爲不入塵數顧以大解脫力作不
可思議事愍此無生豁然開明盡二月晦雨雪不作大
拯羸餓以發信根此大布施實無限量惟大士念之
祭常山神文
吏實不德無以道迎順氣消復災沴惟神之求神亦

閔其不才而嘉其勤凡有告請靡所不荅乃者有謁
乎神即退之三日時雨周洽去城百里而近蝗獨不
生凡我吏民孰不歸德于神然而一雨之後彌月不
繼百里之外蝝生如初豈神能變應於前不能應於
後能卹其近不能卹其遠盖吏不稱職政刑失中戾
于民心以不能終神之賜而我州之民比歲飢殍凋
殘之餘不復堪命若又不熟則流離之禍其莫知所
止矣神之聰明其忍以吏不稱職之所致而不卒救
之歟今夏麥畨登而秋穀將槁若時賜霈澤驅攘蟲
災以完我西成之資歲秋九月當與吏民復走廟下

祭泗洲塔文

淮南東西連歲不稔士農皆病公私並竭重以浙右大荒無所仰食望此夏苗以日為歲大麥已秀小麥初孕時雨不至垂將焦枯豐凶之決近在旬日某移牧廣陵所部十郡民窮為盜吏職所憂才短德薄救之無術伏願大聖普照王以解脫力行平等慈噫欠風雷咳唾雨澤救焚拯溺不待崇朝敬瀝肝膽尚矜聽之

某上承府檄旁採民言供奉安輿顛登法座伏願江海貢潤龍天會朝布為三日之霖適副一邦之望

禱龍水文

雲布多峯日有焚空之勢雨無破塊人懷暍厓之憂雖屢叩於明靈終未懷於通感府主舍人存心為國俯念輿民燃香靄以禱祈對龍湫而望伏願明靈敷感使雨澤以旁滋聖化荐臻致田疇之益濟

祈晴文

均糴之法著于甲令視歲豐凶以馭重輕歲且中熟雨則害之如此失時公私交病神食此上民命係焉無俾歉荒以作神羞

墓誌銘

李太師墓誌

李氏之先世有德人使皆好學忠信而文則其成材

五季得之崎嶇兵間亦何所為世養于棠以待承平

先文太師發跡于経人知誦之公蹈用之其言皆経

其行中之仁致麟鳳自不覆巢使公逢時鳳鳴其郊

公為獄官遇囚如子視囚出入如已生死以德報怨

世有或然任其不叛仁人所難是心惟微實聞于帝

無疆之休以来本世篤生三子其幼益隆如誼仲舒

烏陽是逢始葬于魏物不稱德河流墓改遂以冕服

公之令聞追配太丘子孫公卿有進無羞安安之原

太行之麓有或兆之匪筮匪卜

朱亥墓誌

崔嵬高丘其下為誰惟魏烈士朱亥是依時惟布衣不震不驚晉鄙在師孔嚴不孤進承其顧視如豚猳昔其在屠誰養其威鼓刀市人誰者畏之世之勇夫殺人如蒿及其所難或失其刀惟是貧賤無以自豪是謂真勇士之布衣其亦在養有或不養臨事而恐惟是屠者其養可取

劉夫人墓誌銘代韓持國作

夫人姓劉氏開封人曾大父處士諱巖大父大理寺

丞諱惟吉考贈右金吾衛將軍諱逵夫人年十七歸
于武功蘇才翁翁諱舜元參知政事諱易簡之孫贈
工部侍郎諱耆之子也少與弟子美聖闢皆有盛名
蘇氏既大家而姑王夫人太尉文正公之息女也嚴
重有識素賢其子自為擇婦甚難之久乃得夫人夫
人事其姑能委曲順其意嘗侍疾不解衣累月凡姑
所欲不求而獲所不欲無一至前者既愈謂家人曰
微是婦吾不起矣命諸女拜之而弗荅也子美聖闢
皆早世夫人待二姒撫諸孤恩禮甚厚子美正獻杜
公婿也杜公聞而賢之曰可以為女師夫人既老二

子淯澥更守壽春已而淯守襄陽澥復按本道刑獄
夫人皆就養焉及淯徙平陽道京師子注為尚書郎
拜覲門外士大夫榮之淯侍夫人至管城以疾不起
注逆以歸京師夫人悼淯不已後淯四十五日元豐
八年十月五日以疾卒于私第享年八十一夫人孝
友慈儉薄於奉身而厚於施人嚴於教子而寛於
御下姻族中有悍妬者見之輒慙而化性不蓄財浣
衣菲食以終其身淯自蜀還以重錦二十兩以獻夫
人夫人喜曰可以適吾意之所欲與者命刀尺以親
踈散之一日而盡好誦佛書受五戒預為送終具甚

備至疾革怡然不亂始封隆德縣君後爲彭城縣太
君改仁壽縣太君才翁既顯於世矣而位不充其志
仕至尚書郎贈光禄大夫而子男七人皆以才顯洎
朝奉大夫知潞州澥朝請郎京西提點刑獄注朝散
郎尚書司勲郎中洞右賛善大夫將作監丞洪洎汶
皆舉進士女二人長適進士虞大蒙次適承議郎郭
逢原孫男十三人之顏無爲軍判官之閔早卒之冉
汝州梁縣尉之孟之偃之友之恂之悌之邵之楊之
南之烈之點孫女十三人曽孫男七人開憲潔商若
赤丑曽孫女五人澥將以元豐八年十二月二十四

日瘞夫人於潤州丹徒縣五老山下才翁之塋使求
乞銘才翁於予為從母子而予娶於蘇氏故知夫人
為詳銘曰
孝友慈儉行為女師篤於敎也輕財樂施屬纊不亂
幾於道也壽考康寧子孫多賢不虛報也我銘孔約
無有愧辭以信告也

朝雲墓誌銘

東坡先生侍妾曰朝雲字子霞姓王氏錢塘人敏而
好義事先生二十有三年忠敬若一紹聖三年七月
壬辰卒于惠州年三十四八月庚申瘞之豐湖之上

棲禪山寺之東南生子遯未朞而夭蓋常從比丘尼

義沖學佛法亦粗識大意且死誦金剛經四句偈以

絶銘曰

浮屠是瞻伽藍是依如汝宿心惟佛之歸

偈

十二時中偈

十二時中常切覺察遮箇是什麽十二月二十日

自泗守席上廻忽然夢得箇消息乃作頌云

百衮油鐺裏恣把心肝煠遮箇在其中不寒亦不熱

似則是似則未似不唯遮箇不寒熱那箇也不寒熱

出甚𠯆做遮箇那箇

無相庵偈

出庵見庵入庵見圓問此圓相何所因起非土非木亦非虛空求此圓相了不可得乃至無有無有亦無是中有相名大圓覺是佛心也是諸魔種

送海印禪師偈

海印禪師紀公將赴峨眉往別太子少保趙公於三衢公以三詩贈行復枉道過某於齊安亦求一偈公以元臣大老功成而歸某以非才竊禄得罪而去禪師道眼了無分別洒知法界海惠照了萬殊大小從

横不相留礙直從巴峽逢僧晏道到東坡別紀公當
時半破峨眉月還在平羌江水中請以此偈附于三
詩之末

南屏激水偈

水激之高如所從来屈伸杓報盡而止止不先平於
以觀法

觀蔵真畫布袋和尚像偈

桂杖指天布袋着地掉却數珠好一覺睡

木峰偈

元豐七年臘月朔日東坡居士過臨淮謁普照王

塔過襄師房觀所蔵佛骨舍利捨山木一峯供養乃説偈曰

枵然無根生意永斷刧火洞然為君作炭

寒熱偈

今歲大熱八十餘日物我同病是熱非虛方其熱時謂不復涼及其既涼熱復安在凡世寒熱更相顯見熱既無有涼從何立令我又復認此為涼後日更涼此還是熱畢竟寒熱為無為有如此分別皆是衆生客塵浮想以此為達無有是處使謂為迷則又不可如火燒木從木生炭從炭生灰為灰不已了無一物

當以此偈更問子由僕在黄州戲書為江夏李樂道持去後七年復相見京師出此書茫然如夢中語也元祐戊辰六年三月三日

佛心鑑偈

軾第三子過蓄烏銅鑑圜径數寸光明洞轍元豐八年十一月二日游登州延洪禪院院僧文泰方造釋迦文像乃捨為佛心鑑且說偈云

鑒中面像熱時炎無我無造無受者心花發明照十方還度如是常沙衆眉山蘇軾元祐元年三月一日立石

戲荅佛印偈

百千燈作一燈光盡是恒沙妙法王是故東坡不敢
惜借君四大作禪床

養生偈

閑邪存誠練氣養精一存一明一練一清清明乃極
丹元乃生坎離乃交梨棗乃成中夜危坐服此四藥
一藥一至到極則處幾費千息閑之廓然存之卓然
養之郁然煉之赫然守之以一成之以久功在一日
何遲之有
　易曰閑邪存其誠詳味此字知邪中有誠無非

邪者閑亦邪也至於無所閑乃見其誠者幻滅

滅故非幻不滅

送僧應託偈

蘇壽明棨穀僧應託與東坡居士皆眉人也會于

黃崗將之廬山作偈送之

一般口眼兩般腸肚認取鄉人閑早歸去

王晉卿前生圖偈

王晉卿得破墨三昧又嘗聞祖師第一義故畫邢

和璞房次律論前生圖以寄其髙趣東坡居士既

作破琴詩記夢異夫復說偈曰

前夢後夢真是一此幻彼幻非有二正好長松水石

間更憶前身後身事

箴

東交門箴

漢武帝爲竇太主置酒宣室使謁者引納董偃東

方朔以謂有斬罪三安得入宣室上爲更置酒北

宮而引偃從東司馬門而前更無譏焉作東交門

箴

上所好惡民實趍之風俗厚薄君實駈之道之以正

民俗罔中唱之以淫實煩有從帝于館陶在齊文姜

矧董外人干國亂常既不能戮反以為好予飲予燕宣室是傚偉彼臣朔辟戟趍陛蹕拳是效剛而有禮改館徹饌北宮東門雖曰從諫東交實存維藩維戚禮法遂慫延及齊民惟上所使昔在季孫賞盜以邑魯遂多盜而罔敢詰矧茲王宮姦人是納昭示來世有赩斯闥黄也揚觶杜舉得名殿檻勿輯直臣是旌人孰無過過而勿貳宣室東交實同而名異耳

東坡續集卷第十二

東坡集首　　東坡集校記上

二葉　宋贈太師制　讜九原之可作　兩本均同按讜當作儻說文讜直言也漢書班固序傳吾从不見班生今日復聞讜言又通作黨謂直言也無通儻之義

東坡本傳

七葉　軾命舉舊典　原作舊與据宋史改

東坡年譜

四葉　次於逆旅　原作送旅据嘉靖本改

十三葉　及發常平錢米　原作錢未据嘉靖本改

二十葉　重九作醉蓬萊　原作來据嘉靖本改

廿三葉　休嫌五日怱怱守　休字空格据嘉靖本補

三十葉　定州學士硯　原作學生据嘉靖本改

三十九葉　鏂婦年七十云　原作鑑据錢校本改

四十二葉　哲人之萎　原作淒据嘉靖本改

卷一目

一葉下一行雙行小字　餽歲　原作飢据嘉靖本及本集詩題改

六行雙行小字　咀楚文當作詛

卷四目

五葉王復秀才所居雙檜二首　原作一据本集詩題改

六葉次韵答章傅見贈　原作章傳据本集詩題改

新城道中　原作蓮中据本集詩題改

與臨安令宗人同年劇飲　原作厠飲据本集詩題改

卷五目

六葉虎跑泉　原作鹿跑据本集詩題改

七葉栢堂竹閣　原作枯堂竹閣嘉靖本作相堂亦誤据本集詩題改

石鏡　原石字闕鏡作照宋本同避諱也

卷十目

十四葉 詩七十七首　原作八据本集詩數改

送孫勉　原作孫逸据本集詩題改

十五葉 游桓山得澤字　原作柏山据本集詩題改

道士得四字代作一首　次韻田國博夫南京見寄二絕計

二題詩三首　次韻闞尹送魚　原作門据本集詩題改　此首下脫戴

卷十二目

十七葉 詩八十九首　原作七十据本集詩數改

卷十四目

二十葉 次韻周穜惠石銚　原作石棹据錢校本改

二十三葉 章錢二君見和　原作知据本集詩題改

卷十五目

廿一葉 送穆越州　贈葛葦　二題均脫据本集詩題增嘉靖本亦

後增入

卷十六目

廿三葉用王鞏韻　嘉靖本作同

秋詠石屏　原作狄据本集詩題改

卷十八目

廿六葉詩一百一十五首　原作七据本集詩數改

文登白石　原作次据本集詩題改

卷二十二目

三十葉策問十七首　原作八据本集文數改

私試策問七首　原作八据本集文數改

卷二十四目

廿三葉晁君成詩集叙　本集在錢塘勤上人詩集叙下目在居士集叙下嘉靖本亦誤

東坡集

卷弟一

九葉 和子由苦寒 丈夫重出處 原作又夫又丈壞字据嘉靖本改

和子由論 好之每自識 原作目据嘉靖本改

十葉 中隱堂詩 笑汝益羈孤 原作灑不成字据錢校本改

十七葉 和子由聞子瞻將如終南太平宮谿堂讀書 中間罹旱暵 原作旱暵据嘉靖本改

、將往終南和子由見寄 窮年弄筆衫袖烏 原作彩袖据錢校本改

卷弟二

五葉 自仙游回至黑水見居民姚氏山亭高絶可愛復憩其上

念此慙且泚 原作此据錢校本改

十一葉 石蒼舒醉墨堂 何用草書誇神速開卷惝怳令人愁 原欸速開卷三字据錢校本補

十三葉 次韵子由綠筠堂 只應陶靖節 原作靜据錢校本改

十五葉 次韻張安道讀杜詩　巨筆屠龍手　原作臣据錢校本改

十九葉 塗山　川鎖支祁水尚渾地理汪罔骨應存　原川作用理作理均据嘉靖本改

逍遥臺注　莊子祠堂在開元寺即墓為堂　原寺作侍即作郎据嘉靖本改

四望亭注　李紳　原作神据嘉靖本改

卷弟三

五葉 甘露寺　遷逝誰控摶　原作搏据嘉靖本改

九葉 戲子由　畫堂五丈容旂旄　原作五文据嘉靖本改

越川張中舍壽樂堂　狐裘反衣無乃曾　原作孤裘据嘉靖本改

卷弟四

三葉 是日宿水陸寺寄北山清順僧二首　披榛覓路衝泥入　原作被榛据嘉靖本改

客位假寐　豈惟主忘客今我亦忘吾　原作我忘客　愠

色見髯蘇　原作髯須均据嘉靖本改

六葉 和致仕張郎中春書　蝸殼卜居心自放　原作蝸据嘉靖

本改

八葉 和邵同年戲贈賈收秀才　白衣擔酒慰鰥孤　原作檐酒

据嘉靖本改

十葉 至秀州贈錢端公安道　託與嵇康留石髓　原作稽康据

嘉靖本改

十二葉 祥符寺九曲觀鐙　紗籠擎燭逢門入　原作迎門据嘉靖

本改

卷弟五

九葉 游東西巖　謝公含雅量　原作舍据嘉靖本改

十葉 宿海會寺　重樓束縛遭澗坑　原作坑据嘉靖本改

海會寺清心堂　西來達摩尚求心　原作磨据嘉靖本改

十七葉 和錢安道寄惠建茶　葵花玉𣊓不易致　原作輢据嘉靖本改

廿三葉 成都進士杜暹伯升出家名法通往來吴中　注暹若及第　原作通据本題改

卷弟六

十八葉 蘇州姚氏三瑞堂　天公亦恐無人知　原作未据嘉靖本改

十九葉 送段屯田　王事匪盬君甚劬　原作三事据嘉靖本改

和屯田剗林館　便當勤鞭策　原作勸据嘉靖本改

卷弟七

二葉 惜花　豈知如今雙鬢催　原作推据嘉靖本改

八葉 和章七出守湖州　弁峰初見眼應明　原作弃峰据嘉靖本改

十三葉 荼蘼洞　嘉靖本有小注長憶故山一作半雨半晴此脱

十五葉 喬將行烹鵞鹿出刀劍以飲客以詩戲之　原本鵞作鳩飲客作歛容　便可先呼報恩子　原作知呼均据嘉靖本改

卷弟八

十葉 送顏復兼寄王鞏　注張安道爲太一宫使　原作官据嘉靖本改

十九葉 有言郡東北荊山下可以溝畎積水因與吳正字王戶曹同往相視以地多亂石不果還游聖女山山有石室如墓而無棺椁或云宋司馬桓魋墓二子有詩次其韵二首　奈有中郎解摸金　原作模据嘉靖本改

卷弟九

一葉 春菜　苦筍江豚那忍説　原作苦苟据嘉靖本改

六葉 起伏龍行序　可以致雷雨　原作以置据嘉靖本改

十四葉 密州宋國博以詩見紀在郡雜咏次韵答之　愼勿笑杕杜原作狀杜据嘉靖本改

卷第十

四葉 登雲龍山 拍手大笑使君狂 原作史据錢校本改

五葉 次韵潛師放魚 不怕校人欺子産 原作子美据嘉靖本改

七葉 次韵參寥師 無數新詩咳唾成 原作咏唾据錢校本改

九葉 夜過舒堯文戲作 耐寒石硯欲生冰 原作水据錢校本改

十七葉 答郡中同僚賀雨 吏集泥土滿靴履 原作屨据嘉靖本改

廿一葉 贈錢道人 輕出千鈞諾 原作千鈞据嘉靖本改

次韵關令送魚 饞涎不易忍流酥 原作饞延据嘉靖本改

卷第十一

五葉 舶趠風 一時清駛滿江東 原作駚据嘉靖本改

丁公默送蝤蛑　怪雨腥風入座寒　原作醒風据嘉靖本改

九葉　與王郎昆仲及兒子邁繞城觀荷花登峴山亭晚入飛英寺分韵得月明星稀四首　舉杯屬浩渺　原作眇　萬瓦浮青冥　原作青溟均据嘉靖本改

十三葉　次韵和劉貢甫登黄樓見寄　清派連淮上　原作青派巾箱襲䃶砆　原作武夫均据錢校本改

十七葉　張先生　能致先生子亦賢　原作子据嘉靖本改

卷第十二

六葉　次韵子由病酒肺疾發　二豎肯逋播　原作二竪据嘉靖本改

九葉　東坡八首　至今誇我賢　原作夸据嘉靖本改

十葉　岐亭道上見梅花　原作道士据嘉靖本改

十三葉　和王鞏　春蔬黄土軟　原作黄士据嘉靖本改

十八葉 寒食雨　寒庖煮寒菜　原作寒萊据嘉靖本改

卷弟十三

十葉 次韻王鞏南遷初歸　三年不易■■晼倚天壁原缺兩本同

十一葉 子由作二頌石臺長老同公手寫蓮經字如黑蟻且誦萬徧脅不至席二十餘年余亦作二首　原作問公据嘉靖本改

十五葉 將至筠先寄遲适遠三猶子　逆旅擔夫相汝尔　原作擔据嘉靖本改

十六葉 別子由三首　何似鹽車壓千里　原作監車据錢校本改

廿一葉 陶驥子駿佚老堂二首　我從廬山來　嘉靖本提行分作二首原本誤作一首

卷弟十四

八葉 至真州再和二首　荒祠過瓜步　原作爪据錢校本改

十一葉 次韻周穜惠石銚　原作石棹据錢校本改

十四葉 和王斿　娟娟霜月照生還　原作坐還据嘉靖本改　野

梅官栁何時動　原作野於据嘉靖本改

卷第十五

六葉 蘇子容母陳夫人挽詞　不煩擁笏强垂魚　原作唾魚當年太史取家傳　原作大史均据嘉靖本改

八葉 次韻答賈耘老　牽挽直欲來瓜州　原作爪州据嘉靖本改

十四葉 再過超然臺贈太守霍翔　護羌充國鬢未斑　原作班据錢校本改

十七葉 次韻王定國　世家不可恃　原作侍据嘉靖本改

十八葉 次韻胡完夫　青山別淚尚斕斑　原作斕班据錢校本改

十九葉 送錢承制赴廣南路分都監夾注　頭有佛動之異　原作手異据嘉靖本改

再和夾注　時方闕會稽守　原作方開据嘉靖本改

次韻劉貢父省上喜雨　踈雨瀟瀟未作泥　原作翛翛据

嘉靖本改

廿一葉 次韻孔常父送張天覺河東提刑　埋輪家世本留侯　原作宰留侯据嘉靖本改

子河駿馬方争出　原作駁馬不成字据嘉靖本改

夾注　唐稱昭義步兵　原作陽兵据嘉靖本改

送張天覺得山字　晻藹鄉□間　鄉据錢校本補下一字仍闕

卷弟十七

原缺弟三弟十兩葉据嘉靖本補

三葉 九月十五邇英講論語終篇賜執政講讀史官燕于東宮又遣中使就賜御書詩各一首臣軾得紫薇花絶句其詞云絲綸閣下文章靜鐘鼓樓中刻漏長獨坐黄昏誰是伴紫薇花對紫薇郎翌日各以表謝又進詩一篇　注摎技屬地　原作也据錢校本改

五葉　次韻劉貢父所和韓康公憶持國　注唐蕭氏自瑪及遘入
宰相　原作反遘据嘉靖本改
次韻韓康公置酒見留　重來雪巘已穹窿　原作穹隆据
嘉靖本改
十葉　次韻子由五月一日同轉對　注正元中詔曰自今　原作
中元詔曰　据錢校本改正即貞宋避諱改
十六葉　木山聖俞詩　雨侵蘚澀得石瘦　原作雨侵据嘉靖本改
十九葉　王晉卿所藏著色山二首　縹緲營丘水墨仙　原作眇据
嘉靖本改

卷弟十八

一葉　詩一百一十七首　原作十五首　据本集詩數改
三葉　次韻毛滂法曹感雨詩　强結三友歡　原作三交据嘉靖
本改
八葉　次韻劉景文周次元寒食同游西湖　注一揲膠牙餳　原

作一堞据錢校本改

廿一葉 熙甯中軾通守此郡除夜直都廳囚繫皆滿日莫不得返舍因題一詩於壁今二十年矣衰病之餘復忝郡寄再經除夜庭事蕭然三圄皆空葢同僚之力非拙朽所致因和前篇呈公濟子年二通守　因和前篇　原作因知据嘉靖本改

卷弟十九

六葉 黃泥坂詞　襲前人之詭幻　原作詭幼　恐牛羊之予踐　原作子踐均据嘉靖本改

十四葉 服胡麻賦　乃淪乃烝　原作丞据錢校本改

卷弟二十

十葉 六一泉銘　予哭于勤舍　原作動据嘉靖本改

十一葉 仁宗皇帝御書頌　太子諭德　原作喻据嘉靖本改

十八葉 黃庭經贊　予既書黃庭内景　原作子据嘉靖本改

十九葉 韓幹畫馬贊　其一欲涉水　原作涉未　則偶目聳耳

原作聳目均据嘉靖本改

卷弟二十一

七葉 學士院試春秋定天下之邪正論　為人君父而不知春秋

原脱父字据嘉靖本添

十一葉 辨論二　婦謂舅嬖妾為姑　原脱為字据嘉靖本添

十五葉 思治論　不志于功名　原作忘据嘉靖本改

卷弟二十二

原缺弟五葉据嘉靖本補

一葉 策問十七首　原作十八　秋試策問七首　原作八　省

試策問三首　原作二均据本集首數改

十一葉 試館職策題　考古以證今　原作詔据嘉靖本改

卷弟二十三

七葉 書劉庭式事　昔羊叔子　原作叔予据嘉靖本改

杲卿與庭式善　原作與杲卿据錢校本改

十三葉 書韓魏公黄州詩後 相與慕公之詩 原作墓据嘉靖本改

十六葉 書篆髓後 雖草本 原作本草因上文而誤今据嘉靖本改

十八葉 書朱象先畫後 朱君象先 原作像据本題及目改

卷弟二十四

一葉 送章子平詩集叙一首 原作張据本集詩題改

叙十四首 嘉靖本作敘十五首中脱晁君成詩集引當次勤上人詩集序下

二葉 敘十五首 原作十四据嘉靖本改

十七葉 居士集敘 亂周孔之真 原作實据嘉靖本改

卷弟二十五

五葉 徐州謝奬諭表 官守有限 原作有恨据嘉靖本改

十六葉 謝宣召入院狀 天祚聖神 原作天胙義通

三葉 謝賜御書詩表　書已逼於鍾王　原作鐘据嘉靖本改

卷弟二十六

六葉 杭州謝放罪表　則逆耳之奏形於言　原作之悳据嘉靖本改

八葉 謝賜曆日詔書表　已宣播于王言　原作主据嘉靖本改

十七葉 賀楊龍圖啟　因墳典而道祁招之詩　原作析据嘉靖本改

卷弟二十七

八葉 徐州謝兩府啟　獷悍堅實　原作礦据錢校本改

十三葉 謝翰林學士啟　永為巾笥之珍　原作申笥据嘉靖本改

十四葉 答李寶文啟　蓋闇然而日彰　原作暗据嘉靖本改

十五葉 謝賈朝奏啟　敢懷盍歸之意　原作蓋据錢校本改

卷弟二十八

十八葉 上蔡省主論放欠書　不當干說　原作千据嘉靖本改

卷第二十九　子目另葉不接集文與文集名卷異

十七葉　與章子厚書　以嘯召無頼　原作肅据嘉靖本改

卷第三十　首缺子目

一葉　答秦太虛書　他日一為仕宦所縻　原作官据錢校本改

三葉　答李琮書　多勸遷居遷居非月餘不能定　原空二字据錢校本補

卷第三十一　首缺子目

三葉　鳳鳴驛記　茍有所不屑　原缺屑字据錢校本補

七葉　四菩薩閣記　上六行六字下十行十二字兩本均闕

十四葉　錢塘六井記　其一納之石檻　原作檻据嘉靖本改

卷第三十二　首缺子目

原缺第二十葉据嘉靖本補

二葉　雩泉記　惟山之潊　原作滋非韵据嘉靖本改

四葉　醉白堂記　而皆有侈心焉　原作恥心据錢校本改

七葉 李氏山房藏書記　而楚獨有左史倚相　原作獨在据嘉靖本改

八葉 寶繪堂記　王涯之復壁　原作三据嘉靖本改

十一葉 眉州遠景樓記　尚未晚也　原作未勉据嘉靖本改

十三葉 莊子祠堂記　得其寓言之意　原缺意字据嘉靖本補

卷第三十三

九葉 表忠觀碑　天祚忠孝　原作胙据錢校本改

子目另葉不接集文

卷第三十四

十一葉 湖州謁諸廟文　保祐斯民　原作祐据嘉靖本改

子目另葉不接集文

卷第三十五

三葉 祭魏國韓令公文　入贊兵政　原作人　喪我宗臣　原作吕均据嘉靖本改

五葉 祭任鈐轄文　公侯干城　原作扞据嘉靖本改

十一葉 黄州再祭文與可文　我竄江濆　原作江濱据嘉靖本改

卷第三十六　首缺子目

一葉　司馬温公行狀　征東大將軍　原作象据嘉靖本改

二葉　勇且狂　原作旦据嘉靖本改

六葉　而法官以為非犯階級　原作法言据錢校本改

七葉　則宜許侍從以上進金錢　原作待從据嘉靖本改

廿三葉　常摘孟子之言曰　原作讁据嘉靖本改

卷第三十七　首缺子目

二葉　富鄭公神道碑　物故大半　原作太半据嘉靖本改

八葉　下五行十二字　六行十九字　兩本均闕

十葉　富鄭公神道碑　王則據貝州　原作具据錢校本改

十三葉　武甯節度　原空格据嘉靖本補

十四葉　折其口而服其心　原作圻据嘉靖本改

卷第三十八

一葉　趙清獻公神道碑　以忠言摩士如晉叔向　原作摩土

姦宄消亡　原作究均据嘉靖本改

二葉　知建州崇安縣　原作祟据嘉靖本改

得不瘐死　原作瘦据嘉靖本改

三葉　且多過失　原作笑据嘉靖本改

四葉　公言漢文成五利　原作公宫据嘉靖本改

五葉　宜特黥配　原作黜据嘉靖本改

六葉　用捨為大　原作拾据嘉靖本改

八葉　長曰屼　原作岏與次子名同据錢校本改

卷第三十九

三葉　司馬温公神道碑　今陝州夏縣　原作陝西据嘉靖本改

七葉　范景仁墓志銘　二公既約史相為傳　原作吏据嘉靖本改

八葉　當遷校理　原作常据嘉靖本改

十葉　大臣嘗建此策矣　原作比据嘉靖本改

十三葉　復還僖祖　原作復還据嘉靖本改

十四葉　又使胡瑗等考正　原作胡援据錢校本改

卷第四十

二葉　勝相院經藏記　及諸理障　原作及事据嘉靖本改

東坡後集

卷三目

三葉　次韵滕大夫三首　雪浪石　同前　沈香石三子目誤作大題

卷四目

六葉 見長蘆天禪師　原作夫据嘉靖本改

卷五目

七葉 同正輔表兄　原作王輔据嘉靖本改

章質夫送酒書至而酒不達　原作到据本集詩題改

卷六目

八葉 又子由勸不讀書　原作文子由据嘉靖本改

卷七目

八葉 李伯時畫舊宅圖　原作隱宅据本集詩題改

十一葉 呂承奉讀書作詩不已貧甚　原作承事据本集改

寄黄師是　有目無詩

卷八目

詩一首何公橋詩本集在賦前

卷九目

十三葉 李潭六馬圖贊　原作漢据本集改

續養生論　原作添据錢校本改

卷十三目

十五葉 任兵部尚書乞外郡劄子　原作外任据本集改

十七葉 答謝民師書　原作謝舉廉据本集改

卷十五目

十七葉 瓊州惠通井記　原作泉据嘉靖本改

順濟龍王廟新獲石砮記　原作石磬据本集改

卷十六目

十八葉 祭柳仲遠文　原作達据本集改

卷二十目

十九葉 東莞資福堂老柏再生贊　原作再生柏据本集改

後集卷一

十四葉 歐陽叔弼見訪誦陶淵明事歎其絕識叔弼既去感槩不已而賦此詩　胡椒銖兩多　原作錄据嘉靖本改

後集卷二

十三葉 滕達道挽詞　德公少受知於范希文孫元規　原作覞据宋史孫沔字元規改左旁誤

後集卷三

五葉 僕所藏仇池石希代之寶也王晉卿以小詩借觀意在於奪僕不敢不借然以此詩先之　注自嶺南解官　原作曰据嘉靖本改

十三葉 丹元子示詩飄飄然有謫仙風氣吳傳正繼作復次其韻夢中哦七言　原作我据嘉靖本改

後集卷四

二葉 次韻子由清汶老龍珠丹　玄珠白璧兩無求　原作云珠据嘉靖本改

五葉 次韻王雄州還朝留别　但遣詩人歌杕杜　原作杖社据錢校本改

七葉 過高郵寄孫君孚　聞君有負郭　原作員郭据嘉靖本改

十六葉 游羅浮山一首　汪綺輅輪囷　原作困据嘉靖本改

後集卷五

二葉 正月二十四日與兒子過賴仙芝王原秀才僧曇潁行全道士何宗一同游羅浮道院及栖禪精舍過作詩和其韵寄邁迨一首　野餉籃有蕙　原作藍据嘉靖本改

九葉 次韵程正輔游碧落洞　孤鴻方避弋　原作戈据嘉靖本改

十六葉 薏苡　玉粒照生光　原作坐光据嘉靖本改

殘臘獨出　疑是左元放　原作兀据嘉靖本改

後集卷六

十二葉 夜卧濯足　釜鬵鳴颼颼　原作釜鬲据嘉靖本改

十四葉 五色雀　雨潦則反是　原作友是据嘉靖本改

後集卷七

三葉 歐陽晦夫惠琴枕 輪囷濩落非笛材 原作用据嘉靖本
改

十一葉 次韻韶倅李通直 注且勸我卜居於舒 原作歡据嘉
靖本改

十三葉 乞數珠 我老安能為 原作我者据嘉靖本改

十八葉 次韻江晦叔 原作王据次首題目改

後集卷八

一葉 目 鍾子翼哀辭 原作鐘据嘉靖本改文同

四葉 秋陽賦 若予者 原作子据嘉靖本改

十二葉 王大年哀詞 面奏功不賞 原作實据嘉靖本改

後集卷九

十七葉 補龍山文 嘉本前首下有右嘲二字次首下有右解嘲三
字 請歌相鼠 原作請飲据嘉靖本改

後集卷十

五葉　夫樊遲之所為汲汲於學稼者何也　原作旱稼据嘉靖本改

十一葉　策問　士忽胥讓之節　原作皆讓据錢校本改

策問　推尋前世据對策下尚有深觀治迹四字方接孝文

廿一葉　禜社伐鼓　原作滎杜据錢校本改

廿三葉　圜法有九府之名　原作圓　据錢校本改

廿七葉　擬進士對御試策一道　今臣竊恐陛下先入之言　原作竊觀据錢校本改

後集卷十一

十四葉　志林　氏何以支　原作以丈据嘉靖本改

十八葉　刑其親戚師傅　原作傳据嘉靖本改

後集卷十二

二葉　第二狀　未賜開允　原作元据嘉靖本改

九葉　謝三伏早休表　共揚扇暍之風　原作膈据嘉靖本改

十五葉 賀駕幸太學表 青衿之政 原作矜之 据嘉靖本改

十七葉 揚州謝到任表 力求頴尾之行 原作賴尾据嘉靖本改

十八葉 散為扇暍 原作臈据嘉靖本改

十九葉 賀立皇后表 纘女維莘 原作萃据嘉靖本改

後集卷十三

目錄 謝賜曆日表 定州謝到任表 按本集應定州謝到任表第一慰正旦表第二謝賜曆日表第三今謝賜曆日表誤在定州謝到任表之前中又脱慰正旦表

三葉 謝兼侍讀表 故目郡守為五學 原作故自据嘉靖本改

十四葉 提舉玉局觀謝表 不厭飯蔬之陋 原作蔬据錢校本改

慰皇太后上仙表 庶下答於臣民 原作達据嘉靖本改

後集卷十四

一葉 賀鄰帥及監司冬至啟 賀鄰帥及監司正旦啟 均作師据嘉靖本改

揚州上呂相書　原作杭据總目改

五葉　謝諸郡啟　勉加策勵之勤　原作榮据嘉靖本改

十七葉　答潮州吳秀才書　比來起居　原作此据嘉靖本改

且許過我而歸　原作栽据錢校本改

十八葉　讀之赧然　原作皷然据錢校本改

後集卷十五

十三葉　峻靈王廟碑　雷煥發酆城獄　原作酆都据嘉靖本改

後集卷十六

五葉　送張龍公祝文　惠然肯來共者四人　原作首來其者据嘉靖本改

後集卷十八

十一葉　王子立墓志銘　先塋之側　原作瑩据嘉靖本改

十四葉　陸道士墓志銘　龍虎九成無或奸　原作允成無或好据錢校本改

後集卷十九

四葉 書孫元忠所書華嚴經後　上乞度僧　原作止乞据嘉靖本改

四葉 觀音贊　十六大阿羅漢　原作子六据嘉靖本改

八葉 水陸法象贊　膏火爲鐙　原作大据嘉靖本改

十七葉 廣州東莞縣資福寺舍利塔銘　其鼓舞天下　原作跋据錢校本改

後集卷二十

三葉 夢齋銘　世人之心下空二格　嘉本接寫

七葉 十八大阿羅漢頌　風止火滅　原作大据錢校本改

十一葉 補禪月羅漢贊　綺眉覆顴　原作觀据錢校本改

不受刀箭　原作篇据錢校本改

十三葉 南華長老重辨師逸事　有終不壞者五　原作暑据錢校本改

東坡内制集　東坡集校記下

卷二目

四葉 賜馮京韓絳告敕詔書茶藥口宣　原作馮宗据本集改

卷四目

八葉 賜皇弟祁國公偲生日禮物口宣　原作祚國公据本集改

卷五目

十一葉 内中御侍以下賀冬至詞語三首　此目錯文在卷六

十二葉 賜皇弟普甯郡王似生日禮物口宣　此目錯文在卷九

卷六目

十三葉 内中御侍以下賀年節詞語三首　此目錯文在卷七

卷七目

十五葉 賜胡宗愈辭免恩命不允詔下脫内中御侍以下賀冬至詞語三首　賜大遼人使御筵酒果口宣二首

内制集卷一

二葉　賜金紫光祿大夫守尚書右僕射兼中書侍郎呂公著生日詔　方斯干獻夢之辰　原作斯千据嘉靖本改

八葉　賜河東路諸軍來年春季銀鞋兼傳宣撫問臣僚將校口宣　原作銀鞓据目改

十三葉　賜宰臣呂公著生日禮物口宣　故命爾息（其子也）　原作恩据嘉靖本改

內制集卷二

十葉　賜鎮江軍節度使充集禧觀使韓絳赴闕詔　請老閒居　原作問居据嘉靖本改

十一葉　諸宮觀寺院等處祈雨青詞齋文　時錫霈澤　原作霈不成字据嘉靖本改

十五葉　五岳四瀆等處祈雨祝文　於神蓋反掌之易　原作伸据錢校本改

十六葉　神宗皇帝御容道場功德疏文　修妙供於珠庭　原作殊

据嘉靖本改

十葉 鄭州超化寺祈雨齋文　佛慈所愍　原作佛慈据嘉靖本改

内制集卷三

一葉 賜尚書左丞李清臣乞退不許批答　念我聖祖　原作聖子据嘉靖本改

十五葉 賜新除依前静海軍節度使進封南平王李乾德制誥敕書　庶緣大罷　原作又据嘉靖本改

内制集卷四

四葉 劄子　内降指麾　原作旨据本篇下九行改

十葉 生擒西蕃鬼章奏告永裕陵祝文　孰知耘耔之勞　原作耔据錢校本改

内制集卷五

二葉 淞路賜奉安神宗御容禮儀使吕大防銀合茶藥詔　肆予

命爾　原作矛据嘉靖本改

三葉太皇太后皇太后皇太妃受册禮畢奏謝天地社稷宗廟諸宮觀并諸陵青詞齋祝文　無任懇禱之至　原作懇倒据嘉靖本改

十四葉賜太師文彦博已下罷散興龍節酒果口宣　以弼亮之任　原作弼量据嘉靖本改

内制集卷六

二葉賜外任臣僚進賀太皇太后受册馬詔敕　式將戴后之心　原作武据嘉靖本改

賜資政殿學士知鄧州韓維進奉謝恩馬詔　儀及於物　原作儀名据嘉靖本改

載惟忠藎　原作盡据錢校本改　下十行同

十七葉除范純仁特授太中大夫守尚書右僕射兼中書侍郎進封高平郡開國侯加食邑實封餘如故制　予欲守在四夷以

汝為偃兵之姚宋予欲藏於百姓以汝為息民之蕭曹　原
予均作子息作思据嘉靖本改
内制集卷七
一葉 賜新除太中夫人守尚書左僕射兼門下侍郎吕大防辭免
恩命不允詔　何以詞為　原作辭据錢校本改
十一葉 賜新除門下侍郎孫固辭免恩命不允斷來章批答口宣
毋復固詞　原作辭据錢校本改
内制集卷九
五葉 除皇伯祖宗晟特起復制　雖門内以恩掩義　原作雖閨
以恩掩義据錢校本改
七葉 内中御侍已下賀太皇太后冬至詞語　形史何知　原作
形史据錢校本改
内制集卷十
三葉 賜泰甯軍節度觀察留後知相州李珣進奉賀冬馬一疋詔

不忘嘉歎　原作歎嘉据嘉靖本改

八葉　景靈宮宣光殿　原作靈景据目改按三卷有三宮受冊奏告景靈宮青詞

樂語

八葉　口號　且種蟠桃莫討春　原作討据嘉靖本改

請吏黒山歸屬國　原作史据嘉靖本改

十三葉　教坊致語　河行池中　原作何据嘉靖本改

十四葉　隊名　象舞及青衿　原作矜据嘉靖本改

十五葉　隊名　生商來瑞鳦　原作气据嘉靖本改

東坡外制集目

卷中目

五葉　陳[illegible]知陝州　原作洞据本集改

喬執中張安上除漕刑　原作安止据本集改

卷下目

七葉劉霆知陳留縣　原作之据本集改

楊晟該吴奉雲各轉一官　按集内題作供職楊晟該差使

吴奉雲該字應屬下讀

八葉處士王臨試太學錄　原作大學据本集改

張敦禮節度觀察留後　原作使据本集改

馬傳正大理寺主簿　原作大正据本集改

外制集上

一葉太常少卿趙瞻可戶部侍郎　自頂功利之臣　原作目頂

据嘉靖本改

三葉新淮南轉運判官蔡濛　原作朦据目改

外制集中

六葉祖母郭氏周氏贈魯國太夫人　原脱魯字据嘉靖本補

九葉鞠承之可秦州通判　原作素州据目改

外制集下

十一葉李承祐内殿崇班　累勞當遷　原作思榮据嘉靖本改

蕭士元知隰州　自畏衹率　原作衹服据嘉靖本改

十八葉林希中書舍人　博聞强識篤學力行　原作博學据錢校本改

東坡應詔集第一

三葉策略第一　而可以御萬物哉　原作衙据錢校本改

應詔集第二

三葉策别第六　而詔曰弗推　原作昭据嘉靖本改

七葉策别第八　昔桓文之霸百官承職　原百官上衍用字錢校本塗去今改墨丁　椎析羸虚　原作折羸据錢校本改

應詔集第三

一葉策别第一　設為高位者　原作誤据嘉靖本改

九葉策别第十四　臣欲去其二弊　原作一据嘉靖本改

十葉策别第十五　責之厚賦　原作原賦据嘉靖本改

十一葉 方其貧困之中、原作方感据錢校本改

應詔集弟四

一葉 策别十六 而唐室因以微 原作固据嘉靖本改

三葉 而折其驕氣 原作拆据嘉靖本改

十葉 策别十九 往者蜀之有均賊 嘉靖本作妖賊不知均賊指王均之亂也不宜改為妖

應詔集弟五

十三葉 策斷二十五 昔吳之先 原作皆吳据嘉靖本改

至有天下太半 原作太平据嘉靖本改

應詔集弟六

七葉 大臣論下 窮冦弗追、原作弗迫据嘉靖本改

應詔集弟七

七葉 伊尹論 何則 原作可則据嘉靖本改

應詔集弟九

三葉 荀卿論 剛愎不遜 原作復据嘉靖本改

五葉 留侯論 此其所扶持者 原作比其据嘉靖本改

東坡奏議

卷弟一

六葉 諫買浙鐙狀 有京城榷酒之議 原作擢 何如勿買

原作則如均据嘉靖本改

十四葉 上皇帝書 冒田之訟必倍今日 原作昏田 陛下誠慮

及此 原作試均据嘉靖本改

十六葉 糧草未嘗不折鈔 原作抄据嘉靖本改

十八葉 今人為其主牧羊 原作其左据嘉靖本改

二十葉 則仁祖可謂知本矣 原作之本据嘉靖本改

廿一葉 計析毫釐 原作折 利害相形 原作刑均

据嘉靖本改

廿八葉 再上皇帝書 譬之醫者之用毒藥 原本毒字鈌据嘉靖

本補

卷弟二

二葉 論河北京東盜賊狀 人得升合 原作勝合据嘉靖本改

六葉 或標異服飾 原作標据嘉靖本改

十三葉 上皇帝書 責以大綱 原作責以据嘉靖本改

十六葉 乞醫療病囚狀 及至捕傷格鬭 原作捕賞据嘉靖本改

十九葉 吏且懼罪多方以求免 原作吏耳据嘉靖本改

卷弟三

一葉 乞留劉攽狀 原作放据集中題目改

二葉 繳詞頭奏狀 開河糜費 原作麋据嘉靖本改

四葉 燕飲交歡 原作交私据嘉靖本改

廿八葉 乞留顧臨狀 肅正紀綱 原作肅王据嘉靖本改

卷弟四

三葉因擒鬼章論西羌夏人劄子 將驕卒惰 原作隋 乃始
欵塞 原作疑塞均据嘉靖本改
十四葉大雪論差役不便劄子 而況農民在官 原作在言 受
恩至深 原作息均据嘉靖本改

卷第五

四葉轉對條上三事狀 而沿路進瓜果 原作爪果据嘉靖本
改
十一葉乞郡劄子 以臣子大義 原作議据嘉靖本改
十九葉論周種擅議配享自劾劄子 或漁利榷財 原作擢据嘉
嘉靖本改

卷第六

九葉論高麗進奉狀 今月三日准秀州差人 原作今年三日
唯秀州差人据嘉靖本改
廿一葉上九十行近歲至因糴計二十四字 原本作雙行

卷弟七

一葉 乞開杭州西湖狀　皓以為已瑞　原作以馬据嘉靖本改

七葉 申三省請開湖六條狀　潮已行遠　原作汀遠据嘉靖本改

卷弟八

二葉 乞禁商旅過外國狀　以祭奠亡僧淨源為名　原作浮源据本集六卷論高麗進奉弟二狀改

十葉 相度準備賑濟弟二狀　官本既貴　原作貢据嘉本改

十四葉 相度準備賑濟弟三狀　所損止山　原作捐据嘉靖本改

卷弟九

二葉 乞相度開石門河狀　縱有勇悍敢往之人　原作勇掉据嘉靖本改

六葉 再乞發運司應副浙西米狀　即所須數目浩瀚　原作浩澣据嘉靖本改

十葉　杭州召還乞郡狀　無以仰報天地生成之德　原作伸報
据嘉靖本改

十二葉　上七八九行今者至必如計四十二字　原本作雙行

十四葉　進單鍔吴中水利書　宜加迅駛　原作迅駃据嘉靖本改

十六葉　尤宜先復　原作復字缺据嘉靖本

補

卷弟十

六葉　論八丈溝不可開狀　亦不知據數申上　原作中上据嘉
靖本改

八葉　車水興工　原作切据嘉靖本改

十葉　上七八行今來至朱處計三十二字　原本作雙行

十八葉　乞將合轉一官與李直方酬奬狀　尋以捕獲凌遲　原作
凌持据嘉靖本改

十九葉　萬一減死刺配　原作

咸死据嘉靖本改

二十葉 上五行日内二字　原本作雙行

廿三葉 薦宗室令時狀　朝廷未有以大聳勸之耳　原作未有以夫据嘉靖本改

卷弟十一

五葉 下一行自界滿至送納計二十二字　原本作雙行

十二葉 論積欠六事并乞檢會應詔所論四事一處行下狀　困苦已極　原作理極据嘉靖本改

十八葉 同前題　因令看詳畿内負欠　原作因今据嘉靖本改

再論積欠六事劄子　人如鬼腊　原作暊据嘉靖本改

卷弟十二

二葉 論綱梢欠折利害狀　動使淨盡　原作靜盡据嘉靖本改

十一葉 乞歲運額斛以到京定殿最狀　侵擾綱梢於千里之外　原作十里据嘉靖本改

十六葉　乞罷宿州修城狀　均乞與放免　原作地乞　据嘉靖本改

十八葉　乞賻贈劉季孫狀　并已死盡　原作使盡　据嘉靖本改

卷第十三

一葉　乞校正陸贄奏議上進劄子　原作校三　据嘉靖本改

十二葉　上圜丘合祭六議劄子　於緝熙單厥心　原作放　据嘉靖本改

廿二葉　乞校正陸贄奏議上進劄子　即如臣主之同時　原作臣王　馮唐論頗牧之賢　原作頗收　均据嘉靖本改

卷第十四

四葉　乞降度牒修定州禁軍營房狀　持杖入庫　原作伏　据嘉靖本改

十一葉　乞增修弓箭社條約狀　不至忸怵以生戎心　原作忸忕　据嘉靖本改

廿三葉　乞將損弱米貸與人戶令賑濟佃客狀　願以此米　原作

比米据嘉靖本改

卷第十五

三葉 代張方平諫用兵書　無慮害持難之識　原脱無字据嘉靖本補

十一葉 代李琮論京東盜賊狀　復失河朔　原作復夫据嘉靖本改

十三葉 代呂大防乞録用呂誨子孫劄子　致忤時宰　原作致悞据嘉靖本改

東坡續集

此集明人所編頗覺雜糅非前六集可比十一卷目並有續添一條可見隨得隨編並無條理不但有目無文又重出前後集及奏議者十餘篇和孔宗翰二絶一卷中又重出快哉此風賦止存兩韵捫蝨新話所稱葉嘉傳乃陳元規作睡鄉醉鄉記鄙俚淺近決非坡作一并攙入嘉靖本又脱去詩四十五篇文四

十七篇豈刻時所得本不全耶決非从成化本重刊可知矣均
著于校記

卷一目
葉二 次韵謝魯直饋雙井茶 原作韵謝據嘉靖本改
葉三 戲詠子舟畫兩竹鸜鵒 原作用據嘉靖本改

卷二目
葉六上 過海得子由書 下落詹耳復與子瞻相見一題
葉八 病中邀安國請成伯主會 原作清據嘉靖本改

卷三目
東園 下脫徐穆父用杭越唱和韵一題

卷四目
葉四 虛飄 下脫次韵張甥棠美述志一題
葉十四 與范蔓得八首 下有與李無悔與李公擇館程懷立三題有
目無文

卷五目

十七葉 與王文甫下有與王慶源一題有目無文

卷六目

十八葉 與子安兄下有與鄉人一題有目無文

答李方叔下脱與毛滂一題

卷九目

廿三葉 策問五首　子目一禹所以通水之法　二天子六軍　三修廢官舉逸民　四練兵久矣而國用益困　五關隴游民私鑄錢與江淮漕卒為盜之由

策問五首　子目一策問三首　二私試策問一首　三擬殿試策問一首　今本集先策問三首　私試策問一首

擬殿試策問五首無總目　再策問五首　子目一禹所以通水之法　二修廢官舉逸民　三天子六軍之制餘同次第均誤

卷十目

廿六葉 玉喦陽先真贊下有傳大士贊普照王贊今集在贊類末

應夢觀音贊下脱思無邪齋贊一題

廿八葉 罷登州謝杜宿州啓下集有杭州到狀賀王發運啓兩文今

誤編于此

答陳提刑啓一題有目無文

續集卷一

一葉 北歸次韵　嘉本無

五葉 次子由詩相慶　正輔既見復次前韵慰鼓盆勸學佛　嘉

本無

六葉 吕倚夢得承事借示古今書一軸作詩代跋尾倚年八十一

嘉本無

十葉 次韵黄魯直赤目　寄子由　廣州何道士衆妙堂　嘉本

無

十一葉　琴枕　嘉本無

廿四葉　赴嶺表過金陵蔣山泉老召食阻雨不及往　嘉本無

廿九葉　江上值雪效歐陽體限不以鹽玉鶴鷺絮蝶飛舞之類為比

仍不使皓白潔素等字　楚人自古好弋獵　原作戈据嘉

靖本改

卅三葉　書堂嶼　原作與据嘉靖本改

次履常臘梅韵　嘉本無

卌二葉　蘆　嘉本有目無詩

卌八葉　次韵范淯父送秦少章　嘉本無

續集卷二

一葉　見魯人孔宗翰題詩三首　嘉本作孔周翰嘗為仙源令中

秋夜以事留于東武官舍時陳君棨右王君建中皆在郡其

後十七年中秋周翰持節過郡而二君已亡感時懷舊留詩

于壁又其後中秋軾與客飲于超然臺聞周翰乞此郡客有

止句似未竟弟一首下有右孔二字本卷弟二十葉重出後
二首有此全題客有下有誦詩者乃次其韵二篇以為他日
一笑一行是此本重出二首嘉靖本缺一行謹注于此

〔二葉〕奉和凝祥池　奉和潁叔萬壽觀　正月十四夜扈從端門
觀鐙三絕　嘉本無

〔三葉〕過通判曹仲錫飲書懷兩絕　和喜雨　嘉本無

〔七葉〕馬融石室　嘉本無

〔八葉〕代書寄桃山居士張聖可　六月六日以病在告獨游湖上
諸寺晚謁損之留題一絕　重九日以病辭府宴來謁損之
啜茶清話復留小詩　李鈴轄座上分題戴花二首　嘉本
均無

〔九葉〕雪後便欲與同僚尋春一病彌月雜花都盡獨牡丹在耳劉
景文左藏和順閣黎詩見贈答之　嘉本無

〔十葉〕建中靖國元年正月復過虔再次前韵　嘉本無

十一葉 惠州太守東堂祠故相陳文惠公堂下有公手植荔枝一株郡人謂之將軍樹今歳大熟嘗啗之餘下及吏卒其高不可致縱猿取之　贈何道士　嘉本均無

十五葉 儋州上元過子赴使君會　嘉本無

十六葉 儋耳寄子由　嘉本無

十七葉 書袞儀所藏惠崇畫二首　次韵徐得之常與余詞卜鄰于江淮間將赴登州同舟至山陽以詩見留別　嘉本均無

二十葉 和孔周翰二首　重出見前　送穆越州　嘉本無

廿一葉 贈葛葦　兩二首　杭州牡丹開時僕猶在常潤間周令作詩見寄次其韵復送一首送赴闕　嘉本均無

廿三葉 僬坑寺　嘉本無

廿五葉 嘗天門冬酒　嘉本無

廿九葉 儋耳四絶句　嘉本無

五十九葉 龍山補止　孟嘉解嘲　嘉本無

續集卷三

（九葉）歲暮作和張常侍　乏酒每形言原作之据嘉靖本改

續集卷四

（十一葉）與王敏仲啟　脫一葉兩本同嘉本注明以下脫一葉五字無補處棱目與王敏仲八首今止存六首

（十九葉）與滕達道　語言之間　原作問据嘉靖本改

（廿三葉）近附黄岡遞拜書必達　原作迸拜据嘉靖本改

（五十三葉）與楊濟甫　原作陽据前後目錄改

續集卷五

（四十三葉）與楊玄素　汪去府五十六里有米五百來石　原府米二字互換据嘉靖本改

續集卷六

（三十六葉）答龜山長老　張君予都尉　原作君子据嘉靖本改

續集卷七

一葉 答參寥 要楷法輒生 原作往据嘉靖本改

三十六葉 答錢濟明 某若佳常 原作往据嘉靖本改

續集卷八

三葉 觀宋復古畫序 嘉本無

九葉 物不可以苟合論 聖人懼其相瀆而至於相侮也 原無

上相字据嘉靖本補

廿一葉 論武王 嘉本無

廿四葉 論養士 嘉本無

廿五葉 豈悠於之禍 疑

廿九葉 論隱公里克李斯鄭小同王允之 嘉本無

三十葉 論管仲 嘉本無

三十三葉 與叔孫靜三首下目注缺一葉兩本同今上下推尋無缺葉之迹不可解

三十三葉 論孔子　嘉本無

三十五葉 論周東遷　嘉本無

三十七葉 論范蠡伍子胥大夫種　嘉本無

三十八葉 論商鞅　嘉本無

四十葉 論封建　嘉本無

四十一葉 論始皇漢宣李斯　嘉本無

四十四葉 論項羽范增　嘉本無

續集卷九

三葉 禹所以通水之法　二天子六軍　上三行以下互易据嘉

靖本改

六葉 天子六軍之制　公侯百里　原作諸侯据嘉靖本改

二十葉 郊祀奏議　論時政狀　嘉本無

三十二葉 舉黄庭堅自代狀　嘉本刊本卷奏議之末

三十四葉 舉趙德麟　嘉本無　重奏議弟十

三十六葉 乞奏封太白山神狀　嘉本無

續集卷十

三葉 李端叔傳神贊　嘉本無　重後集卷九

四葉 李西平象贊　詸延賞　原作銖据嘉靖本改

五葉 東莞資福寺再生柏贊　嘉本無　重後集卷二十

六葉 畫佛贊　嘉本無

七葉 篆般若心經贊　嘉本無

畫西阿彌陀經贊　嘉本無

十七葉 雪浪石盆銘　嘉本無　重後集卷一

十八葉 德威堂贊　嘉本無　重後集入銘類

廿七葉 謝韓舍人啟　嘉本無

廿八葉 潁州謝運使啟　嘉本無

廿九葉 謝王内翰啟　嘉本無

三十一葉 上監司謝禮上啟　嘉本無

三十四葉 賀正啟 凡在舍生之類 原作舍据嘉靖本改

三十八葉 答臨江軍知軍啟 嘉本無

四十一葉 回答館職啟 嘉本無

四十四葉 及第後謝秋賦試官啟 嘉本無

四十五葉 謝應中制科啟 嘉本無

續集卷十一

一葉 上神宗皇帝書 嘉本無 重奏議卷一

二十葉 上皇帝書 嘉本無 重奏議卷二 二十三葉下脱一葉

兩本同號數不誤今据奏議卷二補足

三十五葉 代張方平諫用兵書 嘉本無

三十一葉 上韓魏公乞葬董傳書 嘉本無 重正集二十八

三十六葉 與劉宜翁書 北面摳衣 原作樞据嘉靖本改

三十七葉 謝歐陽内翰書 嘉本無

三十八葉 謝范舍人書 嘉本無

三十九葉 上梅龍圖書　嘉本無

四十四葉 上呂僕射論浙西災傷書　嘉本無

續集卷十二

一葉 勝相院藏經記　嘉本無　重正集卷四十

二葉 虔州崇慶禪院新經藏記　嘉本無

五葉 畫水記　嘉本無

六葉 張龍公祠記　嘉本無

八葉 刻秦篆記　嘉本無

九葉 泰太虛題名記　則曰以不時下缺三字兩本均闕

十一葉 潮州修韓文公廟記　嘉本無　重後集十五

三十八葉 表忠觀碑　嘉本無　重正集卷三十三

三十九葉 宸奎閣碑　嘉本無　重正集卷三十三

宋蘇長公集分前集四十卷後集二十卷奏議十五卷應詔集十卷内制十卷附樂語外制三卷續集十二卷共一百十卷冠

以宋贈太師制敕宋史本傳並年譜黑口本蘇轍作軾墓志稱軾所著有東坡集四十卷後集二十卷奏議十五卷内制十卷外制三卷和陶詩四卷晁陳所載並同而别增應詔集十卷與今所稱東坡七集相近按宋時有南行集坡粱集錢塘集超然集黄樓集眉山集武功集雪堂集黄岡集仇池集毗陵集蘭臺集真一集岷精集捘㢋集百斛明珠集玉局集海上老人集東坡前集後集東坡備成集類聚東坡集東坡大全集東坡遺編等名生前刊行崇甯初年奉詔毁板南宋則有杭本蜀本吉州本建安麻沙本明仁宗時嘗以内閣所藏宋本命工翻刻未竟成化中海虞程某為吉州守求得宋曹訓刊本與仁宗所刻未完新本重校付梓又加以和陶詩合舊本所無者編爲續集十二卷集中有目錄連屬篇目之卷有不連屬之卷奏議九十兩卷連屬在一篇其連屬者尚存宋本舊式錢求赤書後集云後集其子過編則正集或坡公手定宋史藝文志云蘇軾前後集

七十卷奏議十五卷補遺三卷南征集一卷詞一卷南省說書
一卷應詔集十卷內外制十三卷別集四十六卷黃州集二卷
續集二卷和陶詩四卷北歸集六卷儋耳手澤一卷年譜一卷
名曰類為叢碎亦與今本不合續集止二卷另出和陶詩四卷
宋本如是明人所續則為十二卷而和陶詩在其中今宋本不
可見以成化本為最古至嘉靖十三年江西布政司刊繆宗道
所校者曰□本已不如此本如續集詩文共缺九十三首昔人
均未指出今陶齋制府以圖書館藏本刻而傳之影摹惟肖原
板模糊處則據嘉靖本荃孫又得錢求赤據宋刻校本佳處尤
多以後東坡集當以此為佳本矣惟明人所編續集與前後集
奏議重出多篇即本集中如和孔宗翰詩一卷內亦重出可謂
雜糅至嘉靖本脫落亦只在續集中決非出自吉本今吉本誤
之顯然若據嘉靖本錢校本改之而別為札記以志所據嘉靖
本之重出脫落亦著之訛字則記不勝記矣宣統庚戌上元日

江陰繆荃孫校竟跋於雲自在堪